PART 2

패죽영(패턴을 죽이는 영어) PART 2

초판 1쇄 발행 2023년 1월 10일

지은이 IDOPROMISE
펴낸이 장길수
펴낸곳 지식과감성#
출판등록 제2012-000081호

교정 김서아
디자인 이현
편집 정한나
검수 정은솔, 이현
마케팅 정연우

주소 서울시 금천구 벚꽃로298 대륭포스트타워6차 1212호
전화 070-4651-3730~4
팩스 070-4325-7006
이메일 ksbookup@naver.com
홈페이지 www.knsbookup.com

ISBN 979-11-392-0874-0(04740)
ISBN 979-11-6552-156-1(세트)
값 19,000원

ⓒ IDOPROMISE 2023 Printed in Korea

- 이 책의 판권은 지은이에게 있습니다.
- 이 책 내용의 전부 또는 일부를 재사용하려면 반드시 지은이의 서면 동의를 받아야 합니다.
- 잘못된 책은 구입하신 곳에서 바꾸어 드립니다.

지식과감성#
홈페이지 바로가기

영어를 가볍게 생각한다면?

패죽영

IDOPROMISE 지음

패턴을 죽이는 영어

ENGLISH

PART 2

지식감정

패죽영

머리말
양념이 더 중요해 보이는 이유… 17
원어민보다 화려한 영어를 하고 싶다 20
소위 '영어를 글로 배워서' 일까요? 21
영어 외모 지상주의 21
양념을 교수하는 이유 23

26th Class
돌려 말하는 간접의문문
간접의문문 활용 시 유의 사항 27
간접의문문을 질문으로 사용할 때 발생하는 현상 29
아… 이게 이게 원어민의 영어라는 거구나
이래서 문법이 필요 없단 말을 하는 거였네 30
간접의문문 해석 방식 31
간접의문문 : 주어로 말하고 싶을 때 33
뭐가 이렇게 복잡하게 많을까요 새로운 공식의 등장일까요 37
보이시나요? 기본이 지켜지는 모습 39

27th Class
간접의문문
: 목적어로 활용하고 싶을 때
간접의문문 : 목적어일 때 해석 방법 42
영어 교육 전문가들이 말하는 간접의문문 학습의 유익 45

Contents

28th Class
to부정사

두통 유발 47

to부정사 중 용법이 다른 것 하나를 고르시오 49

to부정사 : '명사' 일 때 51

to부정사 : 명사일 때 해석 52

to부정사 : '주어' 로 말하고 싶을 때 52

네, 그거 맞습니다 가주어 it 58

영국 영어 : 웬만하면 이전 것을 그냥 두는 편임
미국 영어 : 가능하면 간단히 바꾸고 싶어 함 58

it 을 주어로 앞세운 문장이 편합니다 62

to부정사로 시작하는 평서문 63
: 화석은 아니에요

기본이 거의 모든 것입니다 63

29th Class
to부정사
: 목적어로 말하고 싶을 때

목적어 to부정사의 친구 : 희망동사 69

희망동사들…
다 필요한 것이 아닙니다 71

하나 더 76

30th Class
to부정사
: 형용사로 쓰고 싶을 때

형용사로서의 to부정사 활용에 대한 패죽영 생각 83

31th Class
to부정사
: 그 외로 활용하고 싶을 때

to부정사가 그 외로 쓰일 때의 대표 문장 형식 88

그 외로 쓰일 때의 대표적 해석 6가지 89

to부정사의 그 외 활용에 대한 패죽영 생각 91

32th Class
동사원형 + ing

ing : 주어로 말하고 싶을 때 97

주어 ing… 써 먹어야 더 잘하는 걸까 102

33th Class
ing를 목적어로 쓰고 싶다면… 104

34th Class
ing… 형용사로 쓰고 싶을 때

쉬운 것이 아닙니다 113

ing 형용사 활용에 대한 패죽영 생각 114

35th Class
ing… 그 외로 쓰일 때

그 외의 ing 해석의 배경 118

이러한 ing 의 다양한 해석에도 불구하고 123

그 외의 ing…
써 먹어야 더 좋은 말하기를 하는 걸까요 125

36th Class
제일 있어 보이는 '관계대명사'

관계대명사 활용의 진실 130

관계대명사의 개념 131

세상 모든 관계대명사 일단 3개인 걸로 132

사용 전, 필수인 것 132

이미 아시는 것들 133

관계대명사 이후 134

관계대명사의 해석 134

기본을 지키다 보면, 이 어려워 보이는 것도 됩니다 139

37th Class
관계대명사 활용에 대한 생각 141

양념을 마무리 하며 146

38th Class
축하드립니다.

'(버거에) 패티 하나 더 넣어 주세요' 150

새로운 공식은 앞으로도 없을 거예요 150

서로 다른 2개 문장의 연속 영어에서는 딱 2가지 형식뿐 151

오해하지 말아 주세요 151

39th Class
시제일치 원칙

문제는 ③원칙이에요 158

의미 중심의 한글 공식 중심의 영어 160

원어민들이 그것을 일부러 혹은 실수로 무시할 때가 있어요 160

시제일치 준수 : 시제일치 무시
동일한 해석 : 의미 '범위' 차이 161

세계 영어 166

40th Class
뒤 문장의 해석을 바꾸는 접속사 1

접 속 사 = 등위 접속사 혹은 종속 접속사 170

'그 뒤에 나오는 문장의 해석을 바꾸는 접속사들' 172

접속사가 활용되는 문장의 기본 구조 172

한글의 접속사는 대부분
그 '앞' 에 등장하는 문장의 해석을 바꿔요 173

That 주어 동사 174

접속사 that 때죽엉 생각 176

When 주어 동사 177

If 주어 동사 180

최근에 와서는 크게 문제 되지 않아요 182

41th Class
뒤 문장의 해석을 바꾸는 접속사 2

although 주어 동사 187

though 독립적 쓰임 188

In spite of the fact that 주어 + 동사
  despite the fact that 주어 + 동사 191

in case 주어 동사 193

just in case : 혹시 모르니까/혹시 몰라서 195

unless 주어 동사 196

그럼에도 unless 는 유용해요 가끔 197

그럼에도 unless 만 말해도 됩니다 198

as long as 주어 동사 198

while 주어 동사 200

가장 핫한 접속사 as 201

접속사 as 전에
전치사 as 먼저 202

as 주어 동사 203

접속사 정규 수업 여기까지만 할게요 204

42th Class
종속 접속사, 특정 상황에,
반드시 말해야 하는 걸까   205

43th class
상대의 말에 반응하는 방법
추임새/리액션

추임새 212

정말!? 진짜!? 아… 진짜?! 213

그 really 쓰지 않기로 결정해 보세요! 214

그래도 really가 really 좋으시다면… 214

진짜 추임새 활용의 묘미 215

진짜 추임새의 법 216

추임새 : Do you think?! 218

44th class
욕

Part2 마지막 수업… 220

이걸 굳이 수업에까지 넣은 이유 220

영어 욕에 대한 오해 222

문장 안에서 말해야 제맛 224

In the world/on earth 225

The heck 226

The hell 227

The fuck 228

The fucking 229

패턴을 죽이는 영어 PART2
- 생각편 -

패죽영 생각 ❶
사춘기

영어의 과도기 정의 232

영어 사춘기 잘 겪어 내는 좋은 방법 234

내 눈과 귀에 영어가 들어가고 나올 수밖에 없는
환경을 여기저기에 만들어 놓으세요 236

영어화의 좋은 방향 :
기본이 준수되는 나의 모습을 확인하는 것 237

이 모든 것의 목적 238

패죽영 생각 ❷
듣기 : 그것의 진실

연음 쉽게 만드는 방법 243

듣기 학습을 제대로 하신다면
그 실력은 느리게 향상됩니다 244

성실히 하는데도 왜 듣기 실력은
느리게 향상되는 것일까요? 244

상대 문장의 최초 5개-6개 단어를
듣는 것에 초.집.중. 해서 들어 보세요 245

그 정도를 제대로 듣는 것도 만만치 않아요 246

초집중하세요 1시간 대화 후 배고파질 정도로… 247

듣기 실력은 아주 천천히 성장하고 그게 정상입니다 248

패죽영 생각 ❸
듣기 : 분위기

250

패죽영 생각 ④
듣기 : 쉐도잉

성실한 우리에게 필요한 것 255

쉐도잉이 짱이에요
제대로 + 꾸준히 한다면 256

이동 중에 하는 60분 vs 초집중하는 30분 258

패죽영 생각 ⑤
영어 귀가 열리는 순간

영어 활용 인구는 '1,200,000,000' 명입니다 261

패죽영 생각 ⑥
듣기…
배우는 환경 : 녹음실
실제 환경 : 공사 현장   264

패죽영 생각 ⑦
하란 대로 공부하면
내가 낸 돈을 돌려받는다

저한테는 그 태도가 아주 별로예요 269

패죽영 생각 ⑧
원어민은 영어를
못 하는 사람입니다

규격을 원하는 기관 - 자유를 원하는 개인 274

하란 대로 말하니까 100점
하고 싶은 말을 하면 70점 275

맺는말

이렇게 PART2… 마칩니다 277

남은 저에게… 과외 받으시는 겁니다 278

2023년에도… 패턴은 영어가 아닙니다 279

PART3… 가 마지막이 될 듯해요 279

머리말

2년 만입니다.

잘 지내셨나요?

2020년 《패턴을 죽이는 영어 part1》을 출간했고, 행복했습니다. 이유는 2개예요.

1. 예상대로 적게 팔렸습니다.
2. 그 소수의 독자분들은 재미있고 유익하게 읽어 주셨어요.

기본이 모든 것이다 + 패턴은 영어가 아니다.

두 가지 생각을 가지고 나름 성실히 영어회화과외를 진행해 왔고, 첫 번째 생각을 가지고 각 수업의 내용을, 두 번째 생각을 가지고 '패죽영 생각'을 나누었죠. 예상한 대로, 저와 생각을 같이하신 분들의 수는 역시 적었고, 감사하게도 읽으신 분들은 시간 들여 저에게 연락 주셔서 '패턴을 죽이는 영어'의 유익함을 나눠 주고 계세요. 저는 행복합니다. 그리고 코로나가 발생했죠.

발생 후 4개월간, 저에게 직접적인 타격은 거의 없었어요. 생활 방식이 급격히 바뀌는 가운데에서도 수업을 이어 가 주신 분들이 많았습니다. 발생 후 7개월이 되던 어느 날부터 수강생분들이 여러 가지 이유로 학습을 중지하셨어요. 결국 지난 2년간 영어 수업과 회사 생활을 겸했습니다. 쉬운 게 아니더군요. 투잡했어요. 두 개의 직업을 가진 분들. 존경합니다. 틈틈이 시간을 내어 영어 수업과 part2 집필을 계속했고, 이제 거의 완성해 가는 중이에요. 8개월 다니던 회사는 2달 전에 그만두었습니다. 제가 잘 하는 한 가지에 집중하기로 결정한 거죠.

근황 전했고요. 본격적으로 part2 수업의 머리말 시작하겠습니다.

님이 제일 좋아하는 음식은 뭔가요?

어떤 회원분의 말씀대로 '프라이드치킨' 이라고 해 보겠습니다. part1에서 우리가 학습한 것은 '신선한 닭 + 맛있게 튀겨진 튀김 옷' 입니다. part2에서 다루는 것은 이를 테면 '흰 무, 찍어 먹는 소스들, 치즈볼, 포장 상태… 등등' 이에요. 그러니까 제 말은.

《패턴을 죽이는 영어 part2》, 영문법 안에서 자유롭게 님이 직접 만들어 낸 문장들 뒤에 덧붙여질 수 있는 '기타 요소들' (흰 무, 소스, 치즈볼 등등) 에 대해서 '최신 영문법이 정한 내용들' 과 '제가 경험했고, 경험하고 있는, 2022년도의 실제 활용의 모습들' 을 기반으로 정리해 놓았어요. 님의 눈과 귀에 익숙한 명칭들이 등장할 거고요. 이미 아시는 부분들도 있을 거라 생각합니다. 아래와 같은 것들이에요.

- 간접의문문
- to부정사
- ing
- 관계대명사
- 접속사
- 기타 등등

그것들의 공식. 가장 정확한 해석 방식을 추천해 드릴 것이고, 가장 최신의 법 안에서 자유롭게 활용하는 방법을 말씀드리고, 무엇보다 책으로 진행되는 과외를 통해 그것들을 원하실 때 멋지게 활용하시도록 도와드릴 거예요. 그것으로 끝나지 않아요.

저의 욕심이 있다면 결국 그것들이 원어민들이 보기에 더 좋은 영어를 말하는 것의 기준이 될 수는 없으며… 오히려 기본이 모든 것이 되는… part1에서의 결론을 part2에서도 도출하고 싶습니다. 그것은 님이 더욱 원어민의 칭찬을 받는 영어를 하도록 할 거고요. 그리고 위의 모든 것을 완전히 님의 것으로 만들기 위해 기억하셔야 할 것은 이겁니다.

'part1의 기본' 처럼
'part2의 양념' 마저
다… 공식입니다

자유롭게 그것들을 활용하는 것도 그 공식 안에서만 가능하고요. 원어민들은 양념을 활용할 때도, 공식 안에서만 사용합니다. 우리가 한국어 문법을 배우지 않았지만 다양한 한글을 자유자재로 구사하는 이유가 그런 것처럼요.

> 가장 자유롭게 원어민처럼
> 영어를 하는 방법은
>
> 나의 영어를
> 그것의 법과 공식의 울타리
> 안에 놓는 것입니다.

저는 이번에도 이 방식을 고수하겠습니다. 원어민들이 가장 많이 말하는 + 상황별 영어 표현 200개를 200쪽 분량의 책에서 배워 가기를 원하시는 분들, 그 가벼운 영어 표현으로도 충분한 무게를 느끼시는 분들께는 제 책을 적극 비추드립니다. 저의 책에는 눈에 쉼을 주고, 이해를 도울 삽화도 없습니다. 그걸 말로 하죠.

잘못 구매하셨다면 지금 환불 신청을 클릭하시면 됩니다.

원어민들이 많이 말하는 표현은 물론이고, 더 나아가 '내가 말하고 싶은 모든 말을 영어로, 제대로 그리고 내 마음대로 하고 싶은 분'… 한국에 몇 안 되는 그런 분들 중 한 분이 님이라면, 구매하세요. 구매 즉시 저는 암묵적이지만 확실한 약속을 님께 드릴 겁니다.

저는 이전보다 더 잘, 또 정성을 다해 교수할 것이고요. 저와 함께하신다면, 이전보다 많은 영어 스트레스를 받으실 것이고, 단기적으로는 영어 실력에, 장기적으로는 심지어 치매 예방에도 도움이 될 겁니다. 님이 있는 곳이 어디든 그곳이 영국처럼 되고, 미국과 같이 되는 날들이 올 거고요, 저는 그 전에도, 이후에도 님 옆에서 끝까지 도와드릴 거예요.

part1에서.

저는 패턴 영어에 대한 화(anger)가 많아서 혹은 일부러라도 충격을 드리고자, 어울리지 않는 비속어를 여기저기 말한 것 같아요. 남발했다는 것이죠. 불편하실 수 있겠습니다. 죄송하고요. 후회는 없는데 가끔 '왜 그랬지?' 싶습니다. 후회한다는 것이죠… 그래서.

part2에서는.

화(anger)를 덜 표현하고요. 생각과 말(thoughts and words)을 늘렸습니다. 부족하나마 논리가 조금 더 살아났다고 생각해요. 저의 주장을 옅게(light) 하고. 대신 독자 분들 스스로 더 짙게(rich) 생각하게 하려고 노력했습니다.

첫 수업이 26번째로 시작하는 이유는 part1의 수업이 25개로 끝났기 때문이에요.

여전히 무명한 저의 책을 구매해 주셔서 진심으로 감사드려요.
아무쪼록 님이 저로 인해 영어로는 누구보다 유명해지시기를 바라며.

2022년 10월…
어느 작은 카페에서
저자 IDOPROMISE

양념이 더 중요해 보이는 이유…

님이 제일 좋아하는 음식이 프라이드치킨이라고 했을 때, '치킨은 별론데 거기 양념/흰 무가 맛있으니까 난 좋더라고' 라고 말하는 사람은 거의 없을 겁니다. 기본 조리법에 충실하다면 그 가게는 맛집으로 오래 살아남을 확률이 높아질 겁니다. 그리고 실제 운영에서 기본에 충실한 것부터가 얼마나 어려운지 여기저기에서 들어 알고 있고요. 영어를 말함에도 비슷한 생각을 하면 도움이 될 겁니다.

적어도 20년 가까이, 그 이상 한글로만 생각하고 말해 온 우리에게 영어의 기본 4개를 나의 말하기에 적절히 적용해서 문장 만들기에 성공하고, 용기를 내어 입 밖으로 내뱉고, 그와 동시에 들을 준비를 하는 것… 이 일련의 과정을 꾸준히 유지하는 것 자체가 정말 어려운 것이고요. 충분히 원어민스러운 것입니다. 우리는 그것을 '기초 영어' 라고 은근히 무시하더라도 적어도 원어민들은 기본만으로도 충분히 그들만큼 영어를 한다고 생각하고 있어요. 그 기본이 part1에서 다루었던 것들이죠.

모든 영어문장의 기본
일반동사 ➜ 조동사 ➜ be동사/현재완료

이 4가지를 저는 기본… 이라고 칭했고, 그것들로 이루어지는 문장의 공식과 해당하는 한글의 해석 방법을 알면, 님과 저는 이 세상의 거의 모든 경우의 영문장을 스스로 말할 수 있고 (그렇게만 말할 수밖에 없는) 원어민의 거의 대부분의 말들을 이해할 수 있습니다. 그리고, 그와는 비교할 수 없이 덜! 중요한 양념이 있죠. 그것을 이번 수업들에서 중점적으로 다루려고 하는데요. 한 문장 기준, 기본 4개로 잘 만들어진 문장 뒤에 나오는 요소들도 공교롭게 4가지입니다.

> 기본이 준수된 에서 성공적인 하나의 문장.
> 그 뒤에 덧붙여질 수 있는 영어의 요소는 아래의 4개의 요소뿐입니다.
>
> 양념 1) 간접의문문
> 양념 2) to부정사
> 양념 3) ing
> 양념 4) 관계대명사

저는 그 4가지 요소를. 양념이라 총칭하고 있습니다. 요리에 대해 잘 모르지만 제가 알기로 양념이라는 건 아래와 같아요.

- 요리사가 원하면 쓰는 것이고
- 적절히 쓰면 좋은데
- 지나치게 쓰면 오히려 안 좋아요. 근데.
- 손님들은 그것이 진한 요리를 좋아하는 것.

part2의 주된 내용은 1번 양념부터 시작하여 관계대명사까지, 현재 한국에서 판매되는 어떤 문법책에서도 보실 수 있는 내용, 그리고 보실 수 없지만 원어민은 이미 알고 활용하고 있는 거의 모든 사실을 정리한 것입니다. 그 학습의 길에 본격적으로 들어서기 전, 모든 수업에 대한 결론을 일방적으로 알려 드리려고 합니다. 우리에게 원재료(기본 4개)보다 양념이 더 중요하게 여겨지는 이유에 대한 저의 소견도 나누고요.

결론 : 재료 본연의 맛으로도 충분합니다.

1. 내가 하고 싶은 한글을 생각하고
2. 기본 4개의 공식을 지켜서
3. 내가 원하는 한글의 모양을 따라 공식을 선택하고
4. 제대로 된 문장을 완성하고
5. 용기 내서 발설하는 것까지
   - 기본 안에서 한두 개 문장을 연달아 말하는 것
   - 그것만으로도 우리에게는 쉬운 것이 아니며
   - 원어민이 보기에도 충분히 좋은 영어입니다.

위의 방식으로 가능한 간결하고 정확하게 영어를 말하는 것은 아래와 같은 유익을 주기도 해요.

단순하게 영어를 말하는 것의 유익

1. 말하는 우리 입장에서 (그나마) 쉬우며
2. 우리의 영어를 듣는 상대 입장에서도 수월하기도 하고
3. 쉽게 말한 우리는, (어렵고 장황하게 말했을 때보다는)
   상대의 말을 들을 준비를 할 에너지를 더 많이 얻게 됩니다.

그런 영문장을 음식 맛에 비유한다면… 소위 건강한 맛이라고 합니다. 우리가 맛집을 검색할 때, 방문객들의 리뷰에 '건강해지는 맛이에요.' 하

는 식당을 봤다고 생각해 보세요. '되게 맛있는 집은 아닌가 보다. 싱거운가… 어르신들이 좋아하시나…' 와 같은 생각을 하게 됩니다. 아닌가요?!

우리는 일반적으로 (집밥 말고) 맛집을 검색한다면 적어도 양념이 재료에 깊이 배어들어 (건강하지 않아도 좋으니) 짜고 맵고 달고 구수함이 진한 음식점을 찾을 겁니다. 이것을 영어 말하기스럽게 말씀드리자면, 많은 사람은 기본만으로 영어를 하고 싶어 하지 않는다는 거예요.

원어민보다 화려한 영어를 하고 싶다

할 수만 있다면… 혹은 기왕이면!

1. 한 번을 말하고 빠지더라도.
2. 뭔가 있어 보이는 구조를 가지고
3. 어려운 단어를 사용해서.
4. 생각나는 복잡한 요소들을 총동원하여
5. 길게 말하고 싶다.

우리가 그런 것들을 원하는 것 같습니다. 그래야 어디 가서 한국인들에게 '영어 잘한다…' 라는 평가를 받고. 강사 입장에서도 그런 영어를 하도록 교수해야 '영어 잘 가르치는 강사네.' 라고 합니다. 저는 이런 것들을 '한국인인 우리가 원어민보다 화려하게 말하고 싶어 한다.' 고 하는 편이고요. 영어를 모국어로 활용하지 않는 나라 안에서 나타나는 이상한 현상이라고 봐요. 원어민들이 쉽게 말하면 '아… 역시 원어민들은 쉽게 말하는구나~', '나도 그래야겠다.' 인정하면서도. 정작 나는 원어민처럼 간결하고 쉬운 영어를 말하고 싶어 하지 않습니다.

소위 '영어를 글로 배워서' 일까요?

아니에요. 영어를 글로 배워도 잘 말할 수 있습니다. 우리야말로 지금 이 책을 가지고 영어를 글로 배우고 있는 거잖아요?! 우리는 영어를 아주 잘 말하게 될 거예요. 글로 배워도 영어 말하기가 좋을 수 있다는 것이죠. 2022년 이후에도, 우리는 영어를 글로 배우는 환경 안에 있을 겁니다. 문제는 '영어를 글로 배운 후에 더 좋은 글을 쓰고 이해하는 능력을 갖는 것'에 지나치게 집중되어 있다는 것이죠.

영어 외모 지상주의

님은 잘생기고 재력이 있으며 좋은 집을 소유한 분에게 마음이 가죠. 저도 그렇고요. 그런 모습이 전 세계 어디서나, 누구에게나 있을 거라고 보고요. 어떤 사람의 영어 말하기를 평가할 때도 그런 경향이 있습니다. 한국인이 한국인의 영어 능력을 평가하는 방법, 크게 필기시험과 말하기 시험이 있죠. 그런 시험에서는 보통 어려운 단어를 많이 활용해서, 구조가 복잡한 문장을, 길게 말한 분들이 좋은 점수를 얻습니다.

간결한 문장은 쉬워 보이고요. 쉬워 보이는 문장은 우리의 관심에서 이미 멀어져 있습니다. 그런 영어를 굳이 배워야 되나 싶고, 심지어 그렇게 영어를 하는 사람들은 '초보' 라는 말을 듣고, 영어 말하기 평가에서도 좋은 점수를 얻기 어렵습니다. 그런데 생각해 보세요.

> 그렇게 생각하면, 원어민은 우리 보기에 '영어 초보자' 입니다.

제가 더 복잡하고 더 있어 보이는 영어를 구사하는 방법을 말씀드리기 전에 이런 회의적인 말을 하는 의도를 눈치 빠른 님은 아실 거라고 생각해요. 이런 것들에 대해 생각하기 시작하면, 안 그래도 바쁜 우리는 더 생각이 많아지죠. 적당히 걱정하시는 것은 좋습니다. 그러나 너무 많이 걱정하실 필요는 없어요. 저는 잘 가르칠 거고, 님은 결국 잘하시게 될 겁니다.

그것들을 적절히 사용한다면 님의 영어를 더욱 빛나게 해 줄 거예요. 무엇보다 '내가 원하는 대로 영어를 말하는 것' 에 도움이 될 거예요. 제가 말씀드리고 싶은 것은 기본만으로도 님의 영어는 이미 + 충분히 밝게 빛난다는 겁니다.

양념을 교수하는 이유

제가 양념을 교수드리는 이유는 3개입니다

- 님이 원하실 때, 사용하시도록 도와드리기 위함이고요.
- 원어민들이 그것을 말할 때 알아듣기 위함이며
- 그것들을 굳이 사용하지 않아도 충분히 좋은 영어를 말할 수 있다는 것을 증명하기 위함입니다.

사용할 수 있지만 일부러 사용하지 않는 태도와 몰라서 못 사용하는 것… 퀄리티가 완전 다르죠. 님은 가장 좋은 태도를 가지시게 될 거예요. 그건 '내 마음대로 그것들을 정확히 활용하는 것' 이죠.

4가지 양념, 하나씩 천천히 살펴보도록 할게요. 최신의 문법으로 쉽고 정확하게 말씀드리겠습니다. 아, 저 번호 안 바꿨습니다. 공부하시면서 궁금한 것들 바로바로 물어보시면 돼요. 010-2481-0591. 이제 본격적으로 하나씩 배워 볼까요?

26th

돌려 말하는 간접의문문

패턴을 죽이는 영어 2

Class

모든 질문, 그러니까 be동사 질문, 일반동사 질문, 보조동사의 질문, 그리고 현재완료형태의 질문. 우리가 이전 파트에서 학습한 모든 동사의 모든 질문은 다른 말로, '직접의문문' 이라고 부를 수 있겠습니다. 그 자체로 '물어보는 문.장.' 입니다. 대표적인 해석은 아래와 같죠.

주어가 동사를 하나요…?

마지막에 '? 물음표' 가 붙으면서 주어가 어떤 동작을 하는가… 물어보는 거잖아요?! 지금부터 살펴보는 간접의문문은, 간접적으로 질문하면서… 즉, 돌려 말할 때 쓸 수 있는. 의문문 같은데 의문문은 아닌… 어떤 요소예요. 2022년 현재에도 제가 보기에는 다른 4가지 양념 중에서 가장 활용 빈도가 높습니다.

저와의 수업에서 이것을 배운 회원분들은 그것을 말하기에 활용했을 때 '뭔가 있어 보인다…' 는 말씀들을 하시더라고요. 예를 들면 아래와 같은 것. 많이 들어 보셨을 거예요.

```
Do you know what    I      am saying?
문장        + 의문사 + 주어  + 동사
```

간접의문문은 양념이므로 적절하게 쓰면 참 좋지만 지나치게 쓰면 양념이 지나치게 많이 사용된 음식은 되레 맛없게 되듯이 우리의 영어 말하기에도 돌아가는 길이 너무 많이 생겨요. 우리 말을 듣는 사람에게는 답답하게 들릴 수 있다는 겁니다. 나중에 그것들의 해석 방식을 보면 제가 무슨 말을 하는지 아실 거예요. 그럼에도 불구하고 현대 영어에서 가장 많이 쓰이는 양념이니까 알아 두고 필요할 때 적절히 활용하면 나쁠 거 없겠죠. 간접의문문을 만드는 공식, 해석 방법 그리고 그 쓰임에 대해서도 살펴보겠습니다.

> **간접의문문 공식**
> 의문사 + 주어 + 동사

1

저를 만나기 이전부터도 알고 계셨던
의문사를 선택해서 말하시고.

2

원하시는 **적절한 주어**를 말하시고

3

그 주어에 어울리는 **정확한 동사**를 말하시면

간접의문문이 됩니다. 그리고 저 '동사' 자리에 우리가 지금까지 주욱 배워 온 동사들이 다 포함되는 거예요. 어떤 회원 분의 말처럼 **의문사 + 평서문**이라 생각하면 편하겠습니다.

> 간접의문문 = 의문사 + 평서문

 그러므로 기본을 준수해서 평서문을 제대로 만들 수 있어야 간접의문문도 제대로 활용할 수 있습니다. 양념의 첫 시작부터 기본의 중요성이 드러나네요. 다른 양념들을 배울수록 그런 느낌을 받으실 거예요. 평서문을 제대로 말할 수 없다면 이 양념을 활용하는 것은 애초에 불가능합니다. 님이 평서문을 공식으로 말할 수 있다면 어디선가 님이 들어 봤을 법한 간접의문문이 들어간 문장 말고도 그것을 다양한 방식으로 응용해서 다양한 문장을 스스로 만들어 말할 수 있습니다. 님은 법으로 영어를 하는 분이시기 때문이에요. 제 생각보다 님은 더 잘하실 것이기 때문에. 그것을 활용하실 때의 유의 사항을 먼저 말씀드릴게요, 저는 이것들이 굉장히 중요하다고 생각해요.

간접의문문 활용 시 유의 사항

 간접의문문은 단독으로 쓰일 수 있는 문장이 아닙니다. 의문문이 아니라는 것이죠. 간접의문문이라는 명칭은 우리가 어디엔가 꽂아 둔 문법책에 그렇게 이름이 나와 있기 때문에 사용한 것일 뿐. 간접의문문은 그 자체로 뭔가를 물어볼 때 활용할 수 있는 질문이 아닙니다. 이게 너무 중요하기 때문에, 저에게 벌이진 일을 예로 말씀드릴게요.

뉴질랜드, 항상 걷던 정류장으로 가는 길. 그 일요일에도 저는 강을 건너는 버스를 타기 위해 오르막길을 걷고 있습니다. 근데 저 앞에서 어느 외국분이 친구와 대화합니다.

외국인 : Where you go? : 간접의문문입니다.
해석 : 어디 가는지…?!

친구 : Home, you?
해석 : 집. 넌?

님, 영작해 보시겠어요? '당신 어디 가나요?'

Where do you go? 하든가 아니면, Where are you going? 이죠.

이와 같은 질문의 공식을 무시하고, 간접의문문의 구조를 활용해서. 문장 끝의 억양을 올리면서 질문처럼 만드는 효과(Where you go!?)… 질문 같지만 질문은 아니에요. '저렇게 말해도 되던데/답하던데?!' 라고 생각한 분들이 있을 수 있습니다.

진실을 말씀드릴게요. 그 당시 원어민들은 님의 뭔가 부족한 질문을 들어 주고 이해해 준 거예요. 잘못을 봐주었다는 겁니다. 원어민들은 간접의문문을 직접의문문처럼 활용한 우리의 잘못된 구문을 듣고, 그것을 법에 맞는 질문으로 바꾸는 수고를 했던 겁니다. 그러므로 그렇게 말해도 원어민과 대화할 수 있다는 태도로 일관하는 것은… 이기적인 것이죠.

간접의문문을 질문으로 사용할 때 발생하는 현상

영어가 어렵죠. 대충하기조차 어렵고 제대로 하는 것은 더욱 힘들죠. 그리고 우리는 일상과 비지니스 상황에서 '효율성'을 따지는 스마트한 사람들입니다. 같은 효과를 내기 위해서 일을 더 하는 것은 비효율적인 것이고. 저도 님도 비효율적인 사람이 되고 싶지는 않습니다. 그리고 그 생각을 영어 말하기에 자연스럽게 적용시키죠.

'어차피 비슷한 대답을 들을 거라면, 공식(문법)을 지킬 필요 없는 + 간단한 단어 나열을 하고 싶어 하는 태도'가 우리에게 있는 것 같습니다. 그리고 그때부터 우리의 영어의 퀄리티가 뚝뚝 떨어져요.

일반적으로 '효율'이라는 것은 우리가 본래 잘하는 것을 더 잘하기 위해 수월한 방안을 생각하는 것인데, 영어는 우리가 본래 못하는 것이기 때문에 '잘하기도 전에 쉽게 할 생각을 하면' 결과는 효율이 아니고 '기만'입니다. 모르는데 아는 듯, 못하는데 잘하는 것처럼. 나와 상대를 속이는 거죠.

그럼에도 간접의문문을 직접의문문인 것으로 '봐주고/봐줌을 당하는' 상황을 지속적으로 경험하면 우리는 아래와 같은 오해를 하게 됩니다.

아… 이게 이게 원어민의 영어라는 거구나 이래서 문법이 필요 없단 말을 하는 거였네

그렇게 공식과 헤어질 결심을 하는 순간. 문법은 해안가 모래 속 깊이⋯ 자취를 감출 겁니다. 그때부터 우리에게 질문을 만드는 방법은 '의문사 + 평서문' 이 됩니다. 질문을 만드는 독립된 공식을 생각할 필요가 없어졌어요. 이제 님의 영어 수준은 딱 그 수준인 거예요. 30초 대화. 그 이상은 힘든. 님이 원해도 원어민은 님과 그 이상 대화하기 싫어하는 딱 그 수준.

그 정도 영어는 저를 만나기 전에도 어떻게든 하시지 않았던가요. 우리가 지금 그 정도 영어를 하자고 이 시간을 소비하고 있는 게 아닙니다. 님의 과외 강사로서 저의 목표는 님을 '반 원어민 만드는 것' 입니다. 님의 목표도 저와 비슷할 거고요.

간접의문문을 의문문으로 사용하지 마세요. 질문의 법을 지켜서 말하다 보면, 나도 모르게 자연스럽게 간접의문문이 의문문처럼 나오게 되는 때가 아주 가끔 있을 거예요. 그것은 완전 다른 것이죠. 멋진 것이라는 겁니다.

저는 이 주의 사항이 중요하다고 생각합니다. '뭐, 그렇게까지 강조하지 않아도 될 것 같은데?!' 하실 수 있지만… '간접의문문만으로도 충분히 소통할 수 있지 않나요?' 라고 물어보시는 홍대/종로 주변의 성실하게 영어 공부하시는 성인분들을 저는 많이 만나 왔거든요. 그래서 노파심에 열을 올려 말씀드려 보았습니다.

이제야! 본격적으로 간접의문문이 어떻게 만들어지고 어떻게 해석되는지 보고요, 간단한 예문들을 통해서 문장 속에서 그것이 쓰이는 방식을 볼게요.

간접의문문 공식

의문사 + 주어 동사 (세상 모든 평서문)
 (기본 현재/과거/미래/긍정/부정)

간접의문문 해석 방식

아래의 해석 방식을 보시면서 '외운다.' 라기보다는 '아, 이런 뉘앙스구나.' 하고 이해하시는 것이 좋을 거예요. 대표적인 해석 방식을 알려 드리긴 하겠지만 님의 말하기 스타일과 상황에 따라 말하게 되는 방식이 달라질 거니까요.

기본에서 그랬던 것처럼, 양념 또한 **이것이 어떻게 나의 한글로 해석이 되는가. 그 해석을 나의 말하기에 어떻게 적용할 것인가.** 그것이 제일 중요합니다. **어떻게 활용하느냐에 대한 기준**이 되니까. 몇 개 보시면, 나머지는 그 느낌을 아실 거예요. 느끼시면 됩니다.

```
What    주어    동사
무엇을  주어가 동사하는지
주어가  동사하는 것

Why     주어    동사
왜      주어가 동사하는지
주어가  동사하는 이유

How     주어    동사
어떻게  주어가 동사하는지
주어가  동사하는 방식

When    주어    동사
언제    주어가 동사하는지
주어가  동사하는 때/시간

Who     주어    동사
누구를  주어가 동사하는지
주어가  동사하는 사람

Where   주어    동사
어디서  주어가 동사하는지
주어가  동사하는 장소/곳
```

느끼셨나요?! 위의 느낌으로 해석하면 돼요. 우리가 이미 알고 있는 의문사의 해석에 따라, 그 뉘앙스를 파악하시면 됩니다. 달달 외우는 것보다 나을 거예요. 그리고…

**단독 문장이 아닌 간접의문문은
문장 속에서 둘 중 하나입니다.**

문장이 아닌 그것은, 또 다른 문장 속에서 '주어' 혹은 '목적어'로만 활용됩니다. 그것이 주어로 활용될 때의 해석 방식과 활용 방식을 나눠서 살펴볼게요.

간접의문문 : 주어로 말하고 싶을 때

'주어'… 사람과 사물의 '이름' 입니다. 문장에서 소위 '주어'라는 것을 말할 때 그 이름을 보통 아래와 같이 해석하죠.

> **주어의 일반적 해석**
> : 이름 '은/는/이/가'

그 해석 그대로 위에서 정리한 간접의문문에 조립하는 겁니다. 자연스럽게 아래와 같은 말이 우리 입에서 나올 때, 간접의문문을 주어로 활용할 수 있게 되는 것이죠.

간접의문문이 주어일 때의 해석 방법

What 주어 동사
무엇을 주어가 동사하는지 은/는/이/가
주어가 동사하는 것 은/는/이/가

Why 주어 동사
왜 주어가 동사하는지 은/는 /이/가
주어가 동사하는 이유 은/는/이/가

How 주어 동사
어떻게 주어가 동사하는지 은/는/이/가
주어가 동사하는 방식 은/는/이/가

When 주어 동사
언제 주어가 동사하는지 은/는/이/가
주어가 동사하는 때/시간 은/는/이/가

Who 주어 동사
누구를 주어가 동사하는지 은/는/이/가
주어가 동사하는 사람 은/는/이/가

Where 주어 동사
어디서 주어가 동사하는지 은/는/이/가
주어가 동사하는 장소/곳 은/는/이/가

공식 안에서 해석 방식을 요리조리 조립하고 있습니다. 복잡해 보이지만 충분히 이해하고 계시리라 믿어요. 어려우시다면 지금 바로 연락 주시고요.

이제 제가 지금 말씀드리는 것을 꼭 기억하셔야 합니다. 이후 다른 양념들을 배울 때도 똑같이 적용되는 양념의 진리거든요.

> 주어는 본래
> 사람과 사물의
> 이.름.이죠.
>
> 영어에서는.
> 사람 이름 혹은 사물 이름이 아닌 것들이
> 주어로 쓰일 때
> 그것들을 (종류와 길이에 상관없이)
> 'it' 으로 취급하는 경향이 있어요.

아주 굉장히 매우 중요한 사실입니다. 간접의문문은 본래 주어가 아니죠. 근데 그게 지금 문장 속에서 주어로 쓰이게 되는 거고 그것이 본래 주어가 아닌데 주어로 쓰이는 것이므로, 그것을 주어로 활용하기로 결정하셨다면 그걸 마치 it처럼 취급 하시는 거예요. everyone(모든 사람)을 도무지 셀 수가 없으니 it으로 취급하는 것처럼, 다양한 주어와 수많은 동사의 활용이 가능한 간접의문문을 it으로 통칭하는 겁니다. 통치는 것이죠.

> **평서문**
> 주어 + 동사 + 을/를…
>
> **의문사 주어 동사**
> (주어로서의 간접의문문)
> (it취급)
> 주 어 + 동사 필요한 상황…

이제 주어로 활용된 간접의문문 뒤에 이제 동사가 나올 차례입니다. 그 뒤에 어떤 동사들이 나오게 될까요? 기본을 생각하신다면 짐작하실 수 있습니다. 그 동사는 자연스럽게 **주어 it 뒤에 나오는 일반동사/조동사/ be동사/현재완료…** 가 나오게 됩니다. 간접의문문을 it으로 간주했기 때문에, 너무나 당연히 그 뒤에 나오는 동사는 주어 it에 어울리는 것들일 수밖에 없는 것이죠. 기본이 지켜지는 상황… 굳이 구체적인 공식으로 정리하자면 아래와 같습니다.

간접의문문 : 주어일 때. 대표 문장 공식

간접의문문 + it의 동사
    is/was (not) + 이름/상태/위치/ing
    일반동사(스)
    does not + 일반동사원형
    일반동사과거
    did not + 일반동사원형
    모든 조동사 (not) + 동사원형
    has to/needs to + 동사원형
    has (not) + pp

뭐가 이렇게 복잡하게 많을까요
새로운 공식의 등장일까요

새로운 뭔가를 외워야 하는 걸까요… 그렇지 않습니다. part1에서 이미 수없이 (까지는 아니고) 여러 번 반복한 4가지 동사의 기본을, 주어를 it으로 한 상황에서, 한꺼번에 기록한 것일 뿐이에요(쉽다는 건 아니고요). 새롭게 외울 공식은 없습니다. 복잡해 보이지만, 기본을 머릿속에 꽈악 쥐고 있다면 어려워도 이해하실 수 있고 활용할 수 있어요.

예문 만들어 볼까요? 해당 간접의문문은…네가 말하는 것/네가 뭘 말하는지…로 정할게요. what you say 겠네요. 그걸 it으로 취급하고 그 뒤에 it에 어울리는 다양한 동사를 붙여서 평서문으로 만들어 볼게요.

What you say (it 취급) : 주어 고정.
당신이 말하는 것은/거는/것이/거가~

is right.
: 옳아요
was not wrong.
: 틀리지 않았어요
challenges everyone here.
: 도전을 주네요 모든 사람을 여기 있는.
does not change me.
: 바꾸지 않아요 나를.
changed me.
: 바꿨어요 나를
will help.
: 도움을 줄 거예요
has helped a lot.
: 도움이 되었어요 많이.

몇 개 더 만들어 볼까요? 우리가 할 수 있는 것. 주어가 동사하는 것. 이니까. What we can do. 그 외에 다른 몇 가지들도 추가해 봤습니다.

> What we can do is this.
> 우리가 할 수 있는 것은 이거예요.
>
> Who you are makes difference.
> 당신이 누구인지가 만들어요 차이를(변화를).
>
> Where we went was 제주.
> 우리가 갔던 곳은 제주였어요.
>
> Why you came here does not matter.
> 당신이 여기 온 이유는 문제가 되지 않아요.

- 내가 원하는 간접의문문을 만드는 데에 성공하고.
- 그 뒤에 it 뒤에 나오는 4가지의 동사를 적절히 붙여서 평서문이 되는 거.

보이시나요? 기본이 지켜지는 모습

간접의문문을 완성시키는 데에도. 그것을 가지고 문장을 완성시키는 데에도 기본은 계속 끼어들고 있습니다. 이렇게 되고 나서야, 단어가 '문장'이 되고 '문장'이 있어야 '소통'도 있어요.

만들려고 결심하시면 만들 수 있는 간접의문문이 많을 거고. 그것을 주어로 사용해서 말할 만한 평서문도 많을 거예요. 만들어 보시고 저에게도 공유해 주시고. 궁금한 것들 물어봐 주세요. 최대한 빨리 봐 드릴게요.

혼자 공부하시는 거 아닙니다. 제가 옆에 있는 거예요.

다음으로 간접의문문이 목적어로 쓰일 때를 살펴보죠. 잠깐 쉴까요?

27th

간접의문문
: 목적어로 활용하고 싶을 때

패턴을 죽이는 영어 2

Class

앞에서 살펴본 간접의문문을 주어로 활용하는 방식. 저는 개인적으로 좋아하고 자주 활용하고, 회원분들께도 적극적으로 활용하도록 권하는 편이에요. 그런데 님과 제가 일상과 비지니스 상황에서 더 많이 접하는 간접의문문은 그것이 목적어로 쓰이는 경우일 겁니다.

이 수업에서는 그것의 해석 방식을 말씀드리고. 몇 가지 예문을 살펴보려고요. 쉽지는 않은데요. 공식에 맞춰 조립하는 생각을 가지시면 그래도 할 만할 겁니다.

영어 문장에 목적어가 있다는 것은 그 목적어 앞에 동사가 있다는 거죠. 그 앞에는 당연히 주어가 있을 거고요. 주어라는 것이 '이름' 으로서 보통 이름은/는/이/가…로 해석된다면 목적어는 일반적으로 이름을/를…로 해석되잖아요. 머릿속에 그리셨겠지만 굳이 도식화해 보겠습니다.

> 주어 + 동사 (평서문/질문) + 을/를 (목적어)

우리가 살펴보려고 하는 것은 저 목적어의 자리에 간접의문문이 오는 경우예요.

> 주어 + 동사 (평서문/질문) + 간접의문문 (을/를)
> 이게 안 되면 소용없습니다.

간접의문문 앞에 나온 평서문이나 질문을 만들 수 없다면, 이후 완성된 간접의문문을 조립해 봤자 아무 소용없는 것입니다. 마치 모터가 없는 전기 자동차를 출고하는 것과 같아요. 그 모터가 기본을 준수해서 만들어지는 문장입니다.

간접의문문 : 목적어일 때 해석 방법

일반적인 목적어. 이름 을/를. 그것 그대로 간접의문문의 기본 해석 방식에 조립하면 끝납니다. 정리해 보죠.

```
What   주어    동사
무엇을  주어가  동사하는지    을/를
주어가  동사하는 것           을/를

Why    주어    동사
왜     주어가  동사하는지    을/를
주어가  동사하는 이유        을/를

How    주어    동사
어떻게  주어가  동사하는지    을/를
주어가  동사하는 방식        을/를

When   주어    동사
언제   주어가  동사하는지    을/를
주어가  동사하는 때/시간    을/를

Who    주어    동사
누구를  주어가  동사하는지    을/를
주어가  동사하는 사람        을/를
```

> Where 주어 동사
> 어디서 주어가 동사하는지 을/를
> 주어가 동사하는 장소/곳 을/를

자주 보시다 보니 이전보다 쉽게 이해되시죠?! 반복이 지루하긴 한데 도움이 되는 거 같아요. 같은 공식으로 만들어지는 간접의문문. 기본으로 완성된 평서문/질문 속에서 '위와 같은 해석'으로 기본이 준수된 간접의문문이 목적어 역할을 하게 되는 것입니다. 바로 예문을 몇 개 만들어 보죠, 쓸 일이 많겠구나… 생각이 드실 거예요. 한글 해석은 일부러 직역을 해 보았습니다. 머릿속으로 님의 스타일에 맞춰 의역해 보세요.

> I know what you did last summer.
> 난 알아 무엇을 네가 했는지(를) 지난 여름에.
>
> I was thinking what I should say.
> 생각하고 있었어. 내가 뭐라고 말해야 되는지를.
>
> Can you tell me what she likes?
> 말해 줄 수 있어요? 그녀가 좋아하는 게 뭔지를?
>
> Why should I tell you what I did.
> 왜 내가 말해 줘야 돼? 내가 뭐 했는지를?
>
> This is where we go.
> 이것이(여기가) 장소예요 우리가 가는.
>
> Is this where we are now.
> 이게(여기가). 우리가 지금 있는 곳이야?
>
> That is not who I am.
> 그건. 아니에요. 내가 누구인가.

기본이 되면 어떤 복잡한 간접의문문이라도 만들 수 있어요. 그러나 그 앞에 나오는 평서문이나 질문이 성공적으로 만들어지지 않으면 어떤 화려한 간접의문문이라고 해도 원어민은 못 알아듣습니다.

자신 있게 간접의문문을 활용한 다양한 문장을 만들어 보시고 저에게도 알려 주세요. 더욱 정확하고 멋있게 말씀하시도록 도와드릴게요. 제 번호 저장하셨죠?

영어 교육 전문가들이 말하는 간접의문문 학습의 유익

영어 교육 전문가들… 제가 말씀드리는 교육 전문가라고 하는 사람들은, 세계적으로 이름이 알려져 있는 외국 소재의 영어 교육 전문 기관에서. 원어민들이 모여. 오랫동안 저와 님과 같은 사람을 위한 영어 교육을 제대로 연구하고 그 결과를 지속적으로 발표해 온 사람들.

그런 분들이 그들의 강연들이나 저서들에서, 영어를 제2 언어로 학습하는 사람들(저와 님)을 대상으로 **간접의문문을 교육하는 것이. 그들의 영어 실력 향상을 위해 (다른 요소들보다) 더욱 많은 도움이 된다**고 말해요. 이유는 아래와 같습니다.

간접의문문을 사용하기 위해서.
2개의 문장을 만드는 수고를 요구하기 때문.

생각해 보니 정말 그렇군요….

주어 + 동사 (평서문/질문) 의문사 + 주어 + 동사

영화 속 영화, 그림 속 그림 그리고 문장 속 문장, 일종의 액자식 구조가 되는 것이죠. 한 문장을 만들려고 해도 두 문장을 연습하는 효과가 있으니 좋은 것 같습니다. 어렵지만요. 쉬실까요? 계속 갈까요? 쉬시죠….

28th

to부정사

패턴을 죽이는 영어 2

Class

간접의문문 다음으로 자주 들을 수 있는 양념은 to부정사입니다. 그 활용에 대해 말씀드리기 전에 '개념'을 말씀드리는 게 좋을 것 같아요. to부정사가 무슨 말인가 하는 것이죠. 부(없다). 정(정하다). 부정사. 정해진 뜻이 없는 요소… 라는 의미입니다.

그러나 오랜 시간 그것의 활용을 가만히 살펴보니 딱 정해지지는 않아도 어느 정도 특정할 수 있는 해석 방법은 있더라고요. 그걸 말씀드릴 겁니다. 그것을 모조리 말씀드리기 전에 to부정사의 활용에 관한 저의 소견을 먼저 말씀드리고 싶어요.

정해진 뜻이 딱히 있지 않은 이 요소가 우리의 영어 레벨을 결정짓는 기준이 될 수는 없습니다.

두통 유발

오래된 영어 공부의 기억을 되살려 볼까요? 공부를 열심히 하지 않아도 영어 시험 점수를 90점 이상 받던 우리가, 초등학교나 중학교에서 본격적으로 80점, 70점대 점수를 받기 시작하는 때가, 저의 기억으로는 영어 교과서에 to부정사가 등장하면서부터예요.

놀라운 것은 그 옛날 교수 방식이 20년이 훌쩍 지난 지금의 초딩분들을 상대로 그대로 실현되고 있다는 거예요. 어쩌면 이리도 교육의 콘텐츠가 변하지 않을까요… 저는 아래와 같이 배웠거든요?! 님도 아래와 같이 배우셨을 확률이 높습니다.

1. to부정사의 '명사' '적' 용법
2. to부정사의 '형용사' '적' 용법
3. to부정사의 '부사' '적' 용법

저는 한자를 못했고 지금도 딱 그때만큼 알아요. 그 당시 명사/형용사/부사란 단어들을 애초에 이해를 못했습니다. 그것도 어려운데 그 한자 단어들 뒤에 '적'… 이라고 하는 개념도 이해하는 게 어려웠어요. 최종적으로 '법' 이라는 단어까지 붙여지죠, to부정사는 '지키긴 지켜야 하는데 + 너무나 어려운 것' 이 되어 버렸죠. to부정사와 관련된 시험 문제는 (지금 생각해 보면) 영어 말하기와는 거리가 먼 것들이었습니다. 아래와 같은 문제… 저는 어려웠거든요? 님은 어떠셨나요?

to부정사 중 용법이 다른 것 하나를 고르시오

　심지어 저런 종류 문제의 배점이 높았습니다. 저런 거 3개 이상 틀리면 영어 점수 90점 이상 받기 힘든 상황. '윙… 어렵다. 별표 치고 나중에 풀어야지' 하고 나서는, 결국 못 풀고, 3문제 중 3문제 찍고, 그중 2개 틀리는 악순환의 반복을 경험했더랬습니다. 저의 수업에서 가끔 언급되는 중학교 2년 동안 같은 반이었던, 그 교포 친구도 그런 문제를 특히 어려워하는 듯 보였지요.

　저는 앞으로 몇 번의 수업을 통해 to부정사를 아래와 같은 방식으로 교수할 겁니다.

- 과거 방식과 약간 비슷하지만 많이 다르게, 영어 말하기에 도움이 되는 방향으로 이름을 바꿀 겁니다.
- 누구보다 정확히 활용하실 수 있도록 도와드릴게요.
- 그것의 활용이 더 좋은 영어일 수 없다는 것을 증명해 드리겠습니다.

이름 바꾸기 먼저 하겠습니다. 아래와 같이.

to부정사의 명사적 용법
→ 그것이 문장 안에서 명사로 쓰일 때

to부정사의 형용사적 용법
→ 그것이 문장 안에서 형용사로 쓰일 때

to부정사의 부사적 용법
→ 그것이 문장 안에서 그 외로 쓰일 때

이제 언제나 그랬던 것처럼, 그것을 만드는 공식, 해석 방법 그리고 활용에 대한 이야기를 차근차근해 볼 겁니다. 지나치게 차근차근해서 오히려 답답해하실 수 있어요. 조심하시고요.

to부정사 공식

to 동사원형
(일반동사원형/be동사의 원형 'be')

시작하죠!

to부정사 : '명사' 일 때

그러니까 **님이 그것을 명사로 활용하기로 결정할 때입니다.** 명사는, 사람 혹은 사물의 '이름' 이죠. 그러니까 to부정사를 '이름' 으로 말하고 싶을 때… 라고 하면 되겠습니다.

이름… 저에게 '이름' 을 아무거나 하나만 주시겠어요?
아무거나… Happiness (행복) 을 떠올렸다고 가정할게요.

'행복' 이라고 해석되는 'Happiness'. 그 외 어떤 명사를 주셨건 간에, 그것은 사람의 이름 아니면 사물의 이름이죠. 그리고 그 '이름들' 은 한글에서 주어/목적어의 역할만 합니다.

모든 이름 = '주어' 아니면 '목적어'

너무나도 당연하게, to부정사가 문장 속에서 명사일 때의 활용법을 배운다… 라는 말은, 완성된 문장에서 to부정사를 주어나 목적어로 활용하는 방법을 배운다는 것입니다. 일단 이렇게 정리해 놓고. 대표적인 해석 방식을 먼저 볼게요. 잘 따라오고 계신 거죠? 그런 건가요? 아니면 연락 주시고요.

28th class 51

to부정사 : 명사일 때 해석

> 명사 to부정사 해석
> : '동작하는 것'

　동작하는 것… 그러니까 우리의 입에서 '동작하는 것' '동작하는 게~' '동작하는 거~…' 과 같은 종류의 말이 나올 때, to부정사를 활용할 수 있다는 말입니다.

　그리고 바로 앞에서 정리한 것처럼, 위의 해석으로 활용되는 '이름' 으로 쓰인 to부정사는 문장에서 주어/목적어로 활용될 수 있는 거잖아요?! 이제부터 그것이 문장 속에서 '주어로 쓰일 때' 와 '목적어로 쓰일 때' 를 나누어서 차근차근 살펴보면 되겠네요.

to부정사 : '주어' 로 말하고 싶을 때

　언제나 그렇듯이, '어떻게 영어로 말할까' 를 결정짓는 가장 좋은 기준은 '내가 말하고 싶어 하는 한글의 해석 모양' 입니다.

- to부정사를 '이름' 으로 활용하기 결정하셨다는 것은. 내 입에서 '동작

하는 것…/동작하는 거…' 따위의 한글이 맴돈다는 것이고
- 우리가 흔히 '주어' 라고 부르는 것들은, '이름' 은/는/이/가… 따위로 해석됩니다.

그러므로, 그것을 '주어' 로 활용하기로 결정했다는 것은 내가 말하고자 하는 한글이 아래와 같은 모양을 갖고 있을 때입니다.

> **'주어' 로서의 to부정사 해석 방법**
> : 동사하는 것 + 은/는/이/가…

우리가 한글로 '…동작하는 것은…, 동작하는 거는여~ 동작하는 것이, 동작하는 거가…' 그리고 '동작하는 게' 정도로 말하면서 말을 이어 가려고 할 때, 그때가 바로 주어로 쓰이는 to부정사를 (원하시면) 활용하실 수 있는 상황이라는 겁니다. 그것을 바탕으로 생각을 이어 가 보죠.

주어로 활용되는 to부정사는 있으니, 이제 그걸 말이 되는 문장으로 만들기 위해서, 그 뒤에 어울리는 '동사' 가 나와야겠죠. 지금까지의 상황은 주어의 자리에 to부정사가 온 겁니다. 공식화 하자면 아래와 같겠네요.

> to 동사원형 (주어 : 동작하는 것 은/는/이/가)
> + 정확한 동사 필요…

이제 우리가 앞선 첫 번째 양념 간접의문문에서 학습한 것이 더욱 중요하게 됩니다. 기억해 보세요. **영어에서는 본래 주어가 아닌… 그러니까**

사람이나 사물의 이름이 아닌 다른 요소가 문장의 주어로 쓰일 때는 그것을 마치 (　　)로 취급한다는 것이 중요했었어요. 그게 뭐였죠?

본래 주어가 아닌 것이
주어로 활용될 때…

일반적으로
'it' 으로 취급

it입니다. to부정사가 주어로 쓰일 때도 마찬가지입니다. 영어에서는 수많은 방식으로 만들어질 수 있는 그것을 여러 개로 보는 것이 아니라 그냥 1개의 사물을 나타내는 it으로 보는 것이죠.

그러므로 당연하게도 **주어로 쓰인 to부정사, 그 뒤에 나오는 동사는 주어 it 뒤에 나오는 동사들이 되는 것**입니다. part1에서 등장한 기본 4개 문장 구조 외에 새롭게 외워야 하는 문장 구조는 없어요. 앞으로도 없을 겁니다. 기본을 지킬 생각을 하면, 이 어려운 것도 할 만한 것이 됩니다.

to부정사가 '동작하는 것 은/는/이/가…' 로 해석되면서 주어로 쓰일 때 + 그 주어를 it 으로 간주하고 + 그 뒤에 it 에 어울리는 일반동사/조동사/be동사/현재완료… 의 현재 과거 미래 긍정 부정문의 동사형태가 나오게 되는 것입니다. 결국 아래와 같은 문장 구조가 생길 수밖에 없어요.

> to부정사…(it 취급) : 동작하는 것 은는이가…
> is/was (not) + 이름/상태/ing
> 일반동사원형(스)
> does not + 일반동사원형
> 일반동사과거
> did not + 일반동사원형
> 모든 조동사 (not) + 동사원형
> has (not) + 과거분사

기본이 얼마나 중요한지요. 그것을 알고 지키려고 하는 우리에게 새로운 것은 없습니다. 이미 있던 것을 한꺼번에 풀어 놓은 공식일 뿐. 상황에 관계없이 어떤 복잡한 문장이라고 하더라도 스스로 조근조근 만들어 갈 수 있습니다. 간단한 예문 만들어 볼까요? To live alone (사는 것 혼자) 이걸로 가 보죠. 혼자 사는 게/혼자 사는 건 등으로 해석되겠네요.

To live alone is ok.
혼자 사는 건 괜찮다.

To see you happy annoys me.
행복한 너를 보는 게 나를 짜증나게 하지.

To live alone will be fun.
혼자 사는 게 재미있을 거야.

To live with someone helped.
누군가와 함께 사는 게 도움은 됐지.

To live alone was a good thing also.
혼자 사는 거 역시 좋은 거였어.

To live with someone helps.
누군가와 함께 사는 게 도움이 되죠.

To live alone didn't help me.
혼자 사는 건 도움이 안 되더라고요

님이 원하시는 '동사원형'을 활용하여, 원하는 to부정사를 만들고 + 그 뒤에 it에 어울리는 정확한 동사를 연결시켜 다양한 평서문을 만들 수 있 습니다. 이제 그 문장 구조에 대해서 조금 더 말씀을 드려 볼게요.

'저 문장들이 무슨 말인지는 알겠는데 문장 구조가 영 어색하다…'고 느끼셨다면 잘 느끼신 겁니다. 위의 문장의 형태를 조금 바꿔서 적어 볼 게요. 일단 **눈에 편하고 문법적으로도 더 맞는 것 같으며, 듣기에도 익숙 한 형태**일 거예요.

It is ok to live alone.
괜찮다 혼자 사는 거.

It annoys me to see you happy.
짜증나게 하지 보는 게 행복한 널….

It will be fun to live alone.
재미있을 거야 혼자 사는 건.

It helped to live with someone.
도움은 됐지 누군가와 함께 사는 게.

It was a good thing also to live alone.
좋은 거였어 역시 혼자 사는 게.

    위의 형태들이 우리에게 훨씬 더 익숙하지 않나요? 심지어 '이렇게 말해야만 맞는 것' 처럼도 느껴집니다. 우리가 예전부터 많이 본 문장들의 구조이기 때문이에요. 해석은 두 가지 경우가 모두 같아요.
    to부정사가 주어로 쓰일 때, 그것을 it 으로 '취급' 한다고 말씀드렸지만, 두 번째로 보여 드린 문장 구조는 아예 그 it 을 문장에 등장시켜 버린 겁니다. to부정사를 주어로 시작했을 때는 적어도 2단어 이상이었던 긴 주어가 it 이라는 짧은 주어로 변경된 것이죠. 그래서 더 깔끔해 보이고요.

네, 그거 맞습니다 가주어 it

위의 문장 구조를 보시자마자, '엇, 이건…혹시' 하는 생각하셨을 수도 있는데. 맞아요. 기억나실 겁니다. 우리가 배운 명칭대로는 가주어 it입니다. '가주어', '진주어'… 그 옛날, 뜻도 모르면서, 달달 외운 명칭들 중 가주어 it이 우리가 지금 보는 그 it이에요.

그 가주어 it으로 시작하는 문장 구조가 '옳은 것처럼' 보이는 이유는 우리가 그렇게 해야만 한다고 배웠기 때문입니다. 가주어 it을 활용한 문장 구조만 맞는 것처럼 보이게 된 배경, 그것에 대한 저의 생각을 님과 나누어 보려고 해요. to부정사 활용에 도움이 될 겁니다. '추정' 임을 알려 드려요.

영국 영어 : 웬만하면 이전 것을 그냥 두는 편임
미국 영어 : 가능하면 간단히 바꾸고 싶어 함

소위 영국식 영어와 미국식 영어. 그 둘의 겉모습의 차이. 솔직히 2022년 현재에는 딱히 없는 거 같아요. 심지어 영국분들도 미국 영어 할 때 있고, 미국분들도 일부러 영국 영어 할 때 있습니다. 그럼에도 불구하고 영어를 대하는 기본적인 태도의 차이는 존재합니다. 세계 영어의 통합적 흐름에서도 여전히 존재하는 기본 스타일은 있는 것이죠. 대표적인 것 중의 하나가 이겁니다.

영국 영어는 문장을 구성하는 요소들을 길~게 말하든 짧.게. 하든 크게 신경 안 씁니다. 같은 의미를 가진 문장을 말해도 영국식 영어가 조금 더 격식 있다고 말하는 이유는 일반적으로 그 문장이 미국식 영어의 그것보다 '물리적 길이' 가 길기 때문인 것 같은데. 그렇다고 영국분들이 짧은 문장을 별로라 생각하는 일은 거의 없습니다.

그와는 반대로, 미국 영어는 일반적으로 '길~게' 말하는 것을 좋아하지 않아요. 같은 단어가 중복되는 것은 싫어하고요. 미국 영어는 to부정사로 문장을 시작하는 것을 일반적으로 즐겨 하지 않습니다. 문장의 시작이 되는 주어부터 길~어지니까요. 그러한 언어 활용의 성격 때문에 주어를 간단하게 하는 문법이 영국 영어보다 일반적으로 활용되는 것이고, 전반적으로 '미국식 영어' 를 조금 더 선호하는 우리(한국인) 입장에서는 미국식 영어 활용 방식을 공교육의 방향으로 지정한 것 같습니다. 결과적으로 'to부정사' 를 주어로 하는 평서문에서부터, 가주어 it을 선두로 해서 문장을 만들어 가는 것만이 '옳은 것' 으로 교수된 것이죠.

to부정사 : 주어일 때 : 평서문 공식

1. 뜻도 없는 it 을 주어로 갖다 놓은 다음
2. 정작 말하고 싶은
   : 'to부정사'를 문장 맨 뒤로 보내는 모습

가주어, 개인적으로는 '가짜 주어' 라고 부르는 it 을 주어로 해서 문장을 만들고, 진주어, 개인적으로 '진짜 주어' 라고 부르는 to부정사를 뒤로 빼는 방식. 그렇게 해서 만들어지는 문장의 모양을 간단히 도식화해 보겠습니다.

쉽지 않지만 어렵지도 않습니다. part1에서 이미 귀가 아프도록 들으신 '기본'이 그대로 지켜지는 것이니까요.

```
It   is/was (not) …              + to부정사
     일반동사원형(스)              + to부정사
     doesn't + 일반동사원형        + to부정사
     일반동사과거                  + to부정사
     didn't + 일반동사원형         + to부정사
     조동사 (not) + 동사원형       + to부정사
     has (not) + 과거분사          + to부정사
```

새로운 문장 공식 등장한 거 아닙니다.

주어를 it 으로 한 다음

그 뒤에 it 에 어울리는 동사들을 공식에 맞춰 나열한 거예요. 그리고 지금 하고 계실 생각처럼 **공식을 준수하여 질문도 만들어 낼 수 있지요.** 감 잡으셨겠지만 그 공식을 굳이 나열해 볼게요.

```
(의문사)  is/was    it  이름/상태/위치 ing       to부정사…?
(의문사)  does      it  일반동사원형 + (을를)    to부정사…?
(의문사)  did       it  일반동사원형 + (을를)    to부정사…?
(의문사)  조동사    it  동 사 원 형  + (을를)    to부정사…?
(의문사)  has       it  과거분사     + (을를)    to부정사…?
```

역시 새로운 질문 공식 등장은 없습니다. 4개의 동사들… 그것들의 질문 공식 그대로 주어를 it 으로 완성한 후, to부정사를 뒤에 붙인 것뿐입니다. 간단한 예문 몇 개 만들어 볼까요? to부정사는 to read this book 으로 고정하겠습니다.

Is it fun to read this book?
재미있니? 읽는 거 이 책?
➜ 이 책 읽는 거 재미있어?

Does it help to read this book?
도움이 돼요? 읽는 거 이 책?
➜ 이 책 읽는 게 도움이 되나요?

How will it help to read this book?
어떻게 도움이 될까요 읽는 게 이 책?
➜ 이 책 읽는 게 어떻게 도움이 될까?

to부정사가 주어로 쓰인 질문을 말할 때는 가주어 it을 선두로 활용하는 것이 훨씬 일반적이고 + 좋고 + 더욱 쉽죠. '나에게 편한 방법' 을 선택하는 것이 좋을 겁니다. '내가 말하고자 하는 한글이 정확히 전달된다면' 형식과 무관하게 원어민들에게는 모두 100점짜리 좋은 문장이니까요. 법 안에서 마음대로 하시면 됩니다. 그럼에도 불구하고 저는 저의 생각이 있으니 그것을 나눌게요.

> **to부정사 주어 : 평서문 추천 방식**
>
> to부정사를 주어로 활용하기로 결정하셨다면…
> - '평서문' 을 말할 때는
> - to부정사를 문장의 시작으로 하시는 것.

it 을 주어로 앞세운 문장이 편합니다

질문에서는요. 다만, 평서문에서 그것을 활용하는 경우, to부정사를 처음으로 하는 문장도 원어민이 분명히 활용하는 문장이고 문법적으로도 맞기 때문입니다. 더군다나,

1. 해석되지도 않는 it 주어로 말하고…
2. 기본을 지킨 문장을 성공적으로 말하는 동안.
3. 내가 본래 말하려고 하는 to부정사를 까먹지 않고 기억해 두었다가 (문장을 만드는 동안에도 to부정사를 까먹지 않았다면)
4. 문장의 끝에 덧붙여서 문장을 끝내는 그 일련의 과정.
   한글을 사용하는 우리에게 기본적이고 상식적으로 쉬운 과정이 아니에요.

to부정사로 시작하는 평서문
: 화석은 아니에요

to부정사 자체를 문장의 첫 주어로 시작하는 문장 구조가, 원어민이 이제는 못 알아듣는 고대의 형식이거나 같이 대화하기 어려울 정도로 지나치게 진중한 문장을 만들지는 않습니다.

예를 들면, 몇 년 전 justice 라는 책의 저자인 마이클 센델 교수가 당시 재직 중인 대학교의 1-2학년 학생들을 대상으로 가벼운 철학 공개 강의를 할 때, to부정사를 주어로 한 긴 주어가 간혹 등장해요. (유튜브에 동영상 있음) 50대의 성인이 20대의 성인에게 가끔 활용할 정도의 '적당히 진중한 문장 구조'를 만들 수 있어요. 적절하게 활용하면, 대중과 구별되는 적절히 세련되고 좋은 것이죠. 편하다고 생각하시는 대로 말하세요. 다른 방법도 있다는 겁니다.

기본이 거의 모든 것입니다

'무엇이 중요한가…' 생각해 보시기 바라요. 지금까지 to부정사를 주어로 쓰기로 결정할 때, 원어민들이 벗어날 수 없는, 거의 모든 문장의 구조를 보았어요. 그것도 이 한 번의 수업에. 쉽지 않죠. 그럼에도 '어렵지만 배울 만은 하다…' 라는 생각이 드신다면 그건 님이 양념 자체의 활용보다 양념의 활용 이전에 변함없이 활용되는 '기본에 집중' 하셨기 때문일 겁니다.

프라이드치킨을 만드는 사장님이, 치킨보다 맛있는 흰 무 혹은 소스 만들기에 집중한다면 그 가게는 잘 될 수 없어요. 그런 것들이 심지어 별로라도, 치킨이 맛있으면 주문 전화는 옵니다.

우리가 대화의 상대로 삼는 원어민들은 'to부정사의 정확한 활용' 보다는 그 앞/뒤에 위치하는 '문장 기본의 정확성' 에 귀를 기울입니다. 대화의 이유가 되는 문장의 핵심은 거기에 있으니까요.

to부정사를 말하는데 to 뒤에 동사원형이 아닌 과거형을 말한다든가… 하는 실수가 나올 수 있습니다. 그런 실수는 원어민들도 간혹 하는 거예요. 중요한 것은 그것의 앞뒤 문장에서 정확한 동사를 활용해서 성공적으로 문장을 말하고 있느냐… 입니다. 그게 잘 되고 있다면, 우리의 영어에 큰 이상은 없는 거예요. 적어도 원어민은 그렇게 생각합니다.

스스로 예문을 다양하게 만들어 보시면서 궁금한 게 있으시면 연락 주세요. 저는 아주 잘 도와드릴 수 있습니다.

29th

to부정사

: 목적어로 말하고 싶을 때

패턴을 죽이는 영어 2

Class

영어에서 목적어가 무엇인가요? 라고 누군가 묻는다면 뭐라고 대답하시겠어요? 이렇게 대답하시면 가장 깔끔하고 정확할 겁니다. **한글로 '…을/…를' 로 해석되는, 모든 사람과 사물의 이름.**

그렇다면 to부정사가 목적어로 쓰일 때 어떻게 해석이 되는가/내 입에서 어떤 한글이 나올 때 그것을 활용하면 되는가… 우리의 머릿속에 그려집니다.

---

to부정사가 명사일 때 해석 방법 : '동사하는 것'

그것이 목적어일 때의 해석 방법
: 동작하는 것 '을/를'

그리고 영어 문장에서 **목적어가 등장한다는 것은 많은 경우 그 앞에 일반동사가 온다는 말**이에요. 왜냐하면, '무엇을(목적어)' 동작하는지에 대한 '동작에 관한' 단어(일반동사)가 그 앞에 나오는 것이 한글에서나 영어에서나 가장 일반적이기 때문입니다. 그럼 아래와 같이 문장의 공식을 좀 더 구체적으로 그려 볼 수 있겠네요.

주어 + 일반동사 + 목적어로서의 to부정사
      (동작하는 것을/를)

내가 말하는 영어 문장에 '일반동사가 나온다.' 는 말을 들으시는 순간, 기본/공식/법에 익숙한 님과 저의 머릿속에는 '그렇다면 다음에는 이렇겠

구나' 하는 합리적인 예견을 할 수 있습니다. 그리고 그것은 맞아요.

목적어의 형태만 바뀌었을 뿐 '기본적'으로는 to부정사가 목적어로 쓰이는 문장은 기본적으로 그리고 일반적으로 '일반동사 문장의 공식'이 그대로 준수되면서 만들어진다는 것이죠. 그게 중요합니다. 너~~무. 자세히 풀어 볼까요? **일반동사의 평서문과 질문의 공식은 그대로 유지됩니다.**

> to부정사가 목적일 때의
> 대부분의 문장 형식
>
> 적절한 주어 + 일반동사공식 적용 문장완성 + to부정사
> (평서문/질문 가능)

기본이 지키는 것이 얼마나 많은 도움을 주는지 모르겠습니다. to부정사를 아무리 기깔나게 말해 봤자 그 앞의 기본이 지켜지지 않는다면, 원어민과 대화하기가 어려워져요. 일반동사의 기본을 그대로 유지하면서 목적어 자리에 to부정사를 말하는 문장의 구조. 자세히 펼쳐 볼게요.

목적어 to부정사 평서문과 질문의 거의 모든 공식

I/you/we/they	일반동사	+ to부정사
She/he/it/this	일반동사(스)	+ to부정사
해석 : 주어가	동작한다	동작하는 것을/를

| 모 든 주 어 | 일반동사과거 | + to부정사 |
| 해석 : 주어가 | 동작했다 | 동작하는 것을/를 |

적 절 주 어	do not 일반동사원형	+ to부정사
적 절 주 어	does not 일반동사원형	+ to부정사
해석 : 주어가	동작하지 않는다	동작하는 것을/를

| 모 든 주 어 | did not 일반동사원형 | + to부정사 |
| 해석 : 주어가 | 동작하지 않았다 | 동작하는 것을/를 |

(의문사) do	주어 + 일반동사원형	+ to부정사?
(의문사) does	주어 + 일반동사원형	+ to부정사?
해석 :	주어가 동작하나요?	동작하는 것을/를

| (의문사) did | 주어 + 일반동사원형 | + to부정사? |
| 해석 : | 주어가 동작했나요? | 동작하는 것을/를 |

양이 많아서 복잡해 보이지만, 펼쳐놔서 어려워 보일 뿐, 역시나 새로운 문장 구조의 등장은 없습니다. 평서문과 질문의 기본 공식이 그대로 지켜지면서. 목적어 자리에 to부정사가 나온 것일 뿐.

- to부정사는 그 뒤에 나오는 동사원형을 원하시는 대로 달리 말씀하시면 되고.
- 그 앞의 일반동사의 기본은 공식 그대로 지켜질 수밖에 없으니.

이제 to부정사 앞에 나오는 일반동사에 주로 어떤 것들이 나오는가…에 대해서까지 알고 있다면 우리의 영어는 이 부분에 있어서 천하무적이 될 거예요. 그 동사들이 뭔지 보겠습니다.

목적어 to부정사의 친구 : 희망동사

목적어로 활용된 to부정사 앞에 활용되는 일반적인 일반동사(라임)에 대해 깔끔하게 정리하신 분들이 있어요. 그분들의 책, '영문법 …(중략) 레시피'… 정확하지는 않지만(그래서 참조표시를 못하는 점 양해 바랍니다. 현재 판매되지 않는 책으로 알고 있어요.) 대략 그런 이름으로 책을 쓰신 두 분의 교사가 있는데 그분들의 이름이 지금 정확히 기억이 안 납니다. 그 책에서 굉장히 실제적이면서도 적절한 언어로 그 일반동사들을 정리했습니다. 바로 '희망동사' 라는 개념이에요.

무슨 말인가 하면, to부정사가 목적어일 때 그 앞에 나오는 대부분의 일반동사들은 주어의 희망을 나타내는 일반동사들이라는 말입니다. 문장 속 주어가 '동작하기를 원한다…' 라는 의미를 가진 일반동사들이 주로 나온다는 것이죠. 실제 상황과 문법에 기반을 둔 굉장히 적절한 설명이고요. 제가 기억하는 희망동사는 아래와 같아요.

to부정사 : 목적어일 때 그 앞의 주된 일반동사
Wish (소망하다)
Hope (바라다)
Expect (기대하다)
Decide (결심하다)
Like (마음에 들어하다)
Love (굉장히 좋아하다)
Want (원하다, 하고싶어하다)

위의 일반동사들을 원하시는 대로 활용하시면서 목적어로서의 to부정사를 원하시는 대로 스스로 만들어서 말하실 수 있습니다. 몇 개의 예문을 만들어 볼까요?

I like to walk.
난 좋아해요 걷는 것을
→ 저 걷는 거 좋아해요.

I hope to see you soon.
소망합니다 보는 것을 님을 곧
→ 곧 다시 뵙기를 바랍니다.

Do you expect to come here next week?
당신을 기대하시나요 여기 오는 걸 다음 주에?
→ 다음 주에 다시 오시길 기대하시나요?

I didn't love to be single. I just became one.
저는 되게 마음에 들진 않았어요 싱글이 되는 것을.
그냥 싱글이 된 거죠.

이런 겁니다. 기본을 지켜 to부정사 앞에 등장하는 문장을 완성하게 되면 to부정사는 생각보다 쉽게 풀립니다. to부정사 자체에 집중하면 정작 중요한 기본을 놓치기 쉽죠. 기본이 제일 중요합니다. 이제 위의 희망동사들의 활용에 대한 저의 생각을 말씀드릴게요.

희망동사들… 다 필요한 것이 아닙니다

무엇보다 원어민들이 저것들을 다 활용하지 않기 때문에 드리는 말씀이에요. 희망동사들 중에서 제 보기에 다른 것들과 비교했을 때 압도적으로 자주 사용되는 일반동사는 want 이고요. 그것만 활용해도 충분히 충분합니다(라임2).

hope : 주어가 동사원형 하기를 '소망합니다' 라고 해석되죠. 원어민의 귀에도 그렇게 들리게 됩니다. 비지니스 공문서 강의를 준비할 때 자주 본 거 같아요. 문서의 맨 마지막 줄에 'We hope to…' 결론을 내리면서 공손하게 한두 번 정도 쓰이는 구조?!

저는 말하기 강사잖아요?! 영어를 말할 때. 심지어 hope 를 사용하여 그 공문서를 쓴 사람과 직접 대면하며 대화할 때, hope 를 쓰는 일은 자주 있지 않을 겁니다. '당신과 저녁 먹기를 소망합니다…' 라고 말한다. 말할 수 있죠. 만남의 초반에 한두 번 정도는요. 진중한 분위기를 억지로 만들기 위해, 한두 번 농담할 수는 있지만, 일반적으로 혹은 자주 저렇게 말하는 사람은 많이 없을 거예요. 우리 입에서 '동작하기를 소.망.한.다' 라는 'hope to부정사' 구조가 잘 안 나온다고 보는 것이죠. (단, 주어1 hope that 주어2 동사 : 주어1이 주어2가 동사하기를 바란다, 는 또 다른 문장 구조이고 많이 활용되죠.)

'좋아하다' 라기보다, 실제로는 '마음에 들다' 의 like… 자주 듣고 보는 일반동사인데 그것에 관한 제 생각은 실제로 '사람의 기호에 관한 소개를 지속적으로 해야 할 때를 제외하고는 잘 안 쓴다' 입니다. 소개팅, 혹은 사업을 위한 초도미팅에서 혹은 그와 비슷한 자리에서 사람을 소개할 때 몇 번 쓰일 수 있겠지만, 그런 시간을 지나고 나면 '주어가 동사하는 것을 좋아한다/싫어한다/동사하는 것을 좋아하세요?' 등의 문장은 사람들의 입에서 많이 나오지는 않는다는 것이 제 생각입니다.

동사하기를 간절히 소망합니다. wish… 쉬지 않고 뭔가를 바라는 기도를 하는 분이라면, 그런 말까지도 많이 하시는 분이라면 wish 가 필요하겠네요. 우리 입으로 '동작하기를 간절히 소망해요' 라는 말을 할 때는, 노래의 가사를 읊조린다거나, 간절한 부탁을 한다거나, 어떤 것을 고백할 때를 제외하고는 많이 없지 않을까요? wish가 to부정사를 목적어로 쓸 때 반드시 알아 두어야 하는 단어는 아니라고 봅니다.

decide 는 어떤가요? 우리의 인생이라는 것이 결정의 연속인 것에 동의합니다. 그런데 생각해 보세요. 우리는 머릿속으로 수많은 결정을 하면서 오늘을 살아가지만, 실제 입에서 '동사하기로 결정했다.' 라는 말을 많이 하지는 않습니다. 말하죠. 우리가 결정을 할 때마다 결정했다고 입 밖으로 내뱉지는 않는다는 거죠. We decided to… 와 같은 음가(shape of sound)가 우리 귀에 익숙할 수는 있지만요.

비슷한 이유들로 인해, 그리고 개인적인 영어 활용 경험을 바탕으로 봐도 to부정사가 목적어로 쓰일 때 그 앞에 나오는 일반동사는 want 가 압도적입니다. want 하나면 일상 회화건 비지니스 영어건 뒤에 to부정사를 목적어로 하는 대부분의 문장들을 만들어 낼 수 있다고 생각해요. 결국.

to부정사를 목적어로 쓰기로 결정했을 때의 문장의 기본 구조는 아래와 같이 정리 됩니다.

29th class

> **목적어 to부정사 평서문/질문의 거의 모든 공식**
>
> - want 를 활용한 일반동사 문장의 공식 준수
> - 목적어 자리에 to부정사
>   = (거의) 끝
>
> 적절주어 want   + to동사원형
> 적절주어 want(츠)   + to동사원형
> 주어가 동사원형 하기를 원한다. (하고 싶어 한다.)
>
> 모든주어 wanted   + to동사원형
> 주어가 동사원형 하기를 원했다. (하고 싶어 했다.)
>
> 적절주어 do not want + to동사원형
> 적절주어 does not want + to동사원형
> 주어는 동사원형하기를 원하지 않아요. (하고 싶지 않아요.)
>
> 모든주어 did not want + to동사원형
> 주어는 동사원형하기를 원하지 않았어요. (하고 싶지 않았어요.)
>
> (의문사) do 적절주어 + want + to부정사?
> (의문사) does 적절주어 + want + to부정사?
> 주어가 동사원형 하기를 원하나요? (동사 하고 싶으세요?)
>
> (의문사) did 모든주어 + want + to부정사?
> 주어가 동사원형 하기를 원했나요? (동사 하고 싶었어요?)

새로운 문장의 공식이 나온 거 아닙니다. 그저 want 가 일반동사이기 때문에.

- 일반동사원칙을 준수하면서 평서문과 질문이 일반동사 want 와 함께 만들어졌을 뿐이고

• **want 뒤에 나올 수 있는 목적어 대신 to부정사가 나온 것일 뿐입니다.**

법과 공식으로 영어를 하면, 수십 개의 문장 암기 없이도, 스스로 조근조근 100개 이상의 문장을 만들 수 있을 거예요. 예문 몇 개 만들어 볼게요? to부정사는 to do로 고정하겠습니다.

I want to do this.
난 원한다 하기를 이거.
→ 나 이거 하고 싶어.

He does not want to do this.
그는 원하지 않아요 하는 걸 이거.
→ 그 남자는 이거 하고 싶어 하지 않아요.

They wanted to do this.
그들은 원했다 하기를 이거.
→ 걔네들은 이거 하고 싶어 했던 거죠.

I didn't want to do this.
난 원하지 않았어 하는 것을 이거.
→ 난 이거 하고 싶지 않았어.

Do you want to do this really?
너 원하니 하는 것을 이거 정말?
→ 정말 이거 하고 싶은 거야?

What does she want to do?
→ 무엇을 그녀가 원하나요 하기를
→ 그 여자는 뭘 하고 싶어 해요?

하나 더

복잡한 것 같지만, 법으로 영어를 하고 있는 님과 저에게는 알고 보면 당연한 것입니다. want 가 일반동사잖아요?! 그러니까 너무나 당연히도, 그 want 앞에는 앞서 학습한 조동사들이 등장할 수 있다는 겁니다. 단 조동사가 들어간 문장이니까 조동사의 기본은 그래도 지켜지는 겁니다. 간단한 공식으로 정리하면 아래와 같겠네요.

```
모든 주어 + 조동사        want to 동사원형….
모든 주어 + 조동사 not    want to 동사원형….

(의문사) 조동사 + 모든 주어 want to 동사원형…?
```

생소한 문장 구조이지만, 전혀 쓸모없는 것은 아니지요. 복잡해 보이지만, 기본 원칙을 생각하면 납득이 되는 결과가 자연스럽게 만들어 집니다. 간단히 예문 만들어 볼까요?

He will want to come here.
그는 원할 거다 오는 것을 여기에….
의역 : 그가 여기 오고 싶어 할 거다~

He will not want to come here.
그는 여기 오고 싶어 하지 않을 거다~

Would he want to come here?
그가 원할까요? 여기 오는 것을?
의역 : 그가 여기 오고 싶어 할까요?

Why would he want to come here?
왜 그가 여기 오기를 원했을까요?/원할까요?

기본 없이 문장들을 보면, 앞뒤 없이 암기해야 할 것처럼 보입니다. 기본을 알고 보면, 여전히 쉬운 건 아니에요. 그러나 할 만하게 보입니다. 그렇게 느껴진다면 그건 님이 잘 하시기 때문입니다. 계속 일반동사와 조동사 문장의 기본을 생각하시고, 기억하고 준수하려고 하신다는 말이죠.

정작 중요한 것들이 지켜지니까 부수적인 것들은 자연스레 이해되고 할 만한 것이 되는 것. 영어가 그렇고, 인생의 많은 것들이 그런 것 같아요. (아닌 경우도 더러 있지만) 앞으로 학습하실 것들도 님과 제가 기본을 준수한다면, 당연한 것들 혹은 여전히 어렵지만 할 만한 것들입니다

궁금하신 것들 물어보시면 되겠어요. 잠깐 쉬죠….

30th

to부정사

: 형용사로 쓰고 싶을 때

패턴을 죽이는 영어 2

Class

'저에게 (님이) 많이 쓰시는 형용사가 들어간 문구 아무거나 하나만 주시겠어요?' 라고 물었을 때, 지금까지 교수한 회원분 중 80.6%의 여성분들은 beautiful flower 나, 혹은 그와 비슷한 beautiful… 라고 말씀해 주셨고, 남성분들의 94.2%가 beautiful woman 이라고 말씀해 주셨어요. 우리 모두 겉보기에 뭔가 아름답고 이쁜 뭔가를 공통적으로 지향하나 봐요. 우리가 알고 있는 '형용사는 이름 '앞' 에 위치' 한다는 것을 말씀드리고 싶었습니다.

Beautiful	flower/woman
형용사	사물 이름 사람 이름

그리고, to부정사가, 형용사로 쓰일 때 그건 '이름 뒤에' 옵니다.

to부정사가 형용사일 때의 공식
… 앞 이름 to 동사원형

이제 해석 방법을 볼까요? to부정사를 이름 뒤에 붙여서 형용사처럼 활용하기로 결정하셨다면, 아래의 해석과 같은 한글을 말하기로 정하신 거예요.

to부정사. 형용사 해석
1. 동사원형 '할' 앞명사 (거의 대부분)
2. 동사원형 '하는' 앞명사 (아주 간혹)

문장 몇 개 만들어 보죠.

People to come will come.
분들　　　오실　올 거예요
→ 올 사람들은 오겠죠.

We don't have **time to wait.**
우리는 가지고 있지 않다. 기다릴 시간.
→ 기다릴 시간 없어요.

She was the **manager to direct** all these.
그녀는 감독하는 관리자다 이 모든 것들을.
→ 그 여자가 이걸 다 감독하는 매니저세요.

We will make a **room to** put this.
우리가 만들어 볼게요 공간을 이것을 놓을 (공간을)
→ 이거 놓을 공간을 만들어 볼게요.

동작할 앞명사, 동작하는 앞명사, 와 같은 한글이 내 입에서 나온다면, to부정사를 형용사로, 공식을 지켜 활용하실 수 있습니다. 그리고 이미 보셨겠지만 여기서도 활용된 to부정사 앞, 뒤에 지켜지고 있는 건 기본이고요. 그것이 to부정사 활용보다 중요해요.

명사 뒤에 나오는 to부정사를 화려하게 만들어 봤자, 법을 지켜서 그 앞/뒤에 나오는 일반동사/조동사/be동사를 정확히 활용하고 문장이 끝까지 성공적으로 만들어지지 않으면 아무런 소용이 없다는 것 강조하고 싶습니다. 공식 안에 있는 성공적인 문장 없이는, 그 앞뒤에 양념을 추가해 봤자 상대는 내가 뭔 말하는지 모른다는 것이죠.

> 기본 공식을 준수해서
>
> 최종 결론이 되는 문장을
> (적절한 주어 + 정확한 동사 + 을를…)
> 먼저 말하려고 노력해 보세요.
>
> 양념 공식은 자연스럽게
> 그 뒤에 자리 잡는 모습을 보실 겁니다.

다양한 문장을 만들어 보시고 궁금하신 것 물어봐 주세요. 정확하고 적절하며 멋지게 활용하시도록 도와드릴게요. 저는 바로 이어서 이것에 관한 저의 생각을 풀어 보겠습니다.

형용사로서의 to부정사 활용에 대한 패죽영 생각

결론부터 말씀드리자면… (실제 대화를 기준으로) 그거… 안 써도 된다는 겁니다. 쓰면 좋죠. 일단 우리 기분이 좋고, 영어 말하기 시험 점수가 좋아집니다. 그런데 더 중요한 것은 '나의 영어 말하기를 더욱 원어민스럽게 만드는 거' 잖아요?!

- 그것을 쓰지 않기로 결정하고
- 그 대신 기본을 준수한 1개 이상의 단문을 성공적으로 말해도 괜찮고, 오히려 더욱 실제 말하기와 가깝게 영어를 활용할 수도 있다.

저는 위와 같이 말하려고 노력하는 편이에요. 원어민들에게는 그것을 굳이 쓰나, 안 쓰고 말하나, 성공적인 의미 전달이 되는 것이므로 똑.같.이. 좋습니다. 기본만으로 말하는 것도 우리에게 충분히 어렵고, 충분히 원어민스럽고요. 위의 문장들로 예를 들어 보겠습니다.

We don't have **time to wait**.

이 문장에서 to wait 을 빼면 문장이 이상해질까요? 소통이 안 되는 것일까요? 실제 저 대화가 진행되는 대화를 상상해 보죠. (등장인물 : a, b)

a : Can you wait here longer?
더 기다릴 수 있어?

b : I don't have time (to wait 말 안 함).
시간 없는데.

a : What do you mean, time to do what?
무슨 말이니? 무슨 시간이 없다는 거야?

b : Time to 'wait' of course.
당연히 기다릴 시간이지~

b 가, time 뒤에 to wait 을 하지 않아서 a 가 대화의 흐름을 이해하지 못했다면… a라는 인물… 정상적인 언어 이해 능력이 약간 부족한 사람 아닐까요? 많은 경우, 대화의 정황을 이해한다면 'to부정사가 없이도 당연히' 기다릴 시간이 없다는 것을 말하는 거죠.

to부정사가 형용사를 쓰일 때, 많은 경우 그것을 쓰지 않아도 의미 전달이 충분히 됩니다. to부정사를 쓰지 않고, 정황에 맞게 + 기본을 정확히 지켜 영어로 말하는 것부터도, 한글이 모국어인 우리에게 쉬운 것은 아니고요. 양념을 가능하면 줄이고, 기본만을 지켜서 단문으로 풀어 말하는 그것이 우리의 실제적 한글 대화 형태에 더 가까울 수도 있습니다. 어떻게 생각하세요? 하나 더 볼까요?

She is the manager **to supervise** all these things.

비슷한 방식으로 to부정사를 과감하게 빼고 대신 기본을 지켜 아래와 같이 말하면 어떨까요?

She is a manager.
그녀가 관리자고요,

And she supervises all these things.
모든 것을 관리합니다.

각각 be동사와 일반동사의 기본을 지켜서 두 개 이상의 단문으로 풀어 낸 것입니다. (사용할 수 있음에도 불구하고) 형용사로서의 to부정사를 과감히 버리고 기본을 지켜서 두 개 이상의 단문으로 표현하거나/to부정사를 적절히 활용하는 것. 어떤 경우가 더 좋은 말하기를 하는 걸까요? 2개 다 똑같이 좋아요. 그것이 원어민의 생각입니다.

근데 우리는 왜 원어민들이 사용하지 않을 때가 많은 이 to부정사의 활용 때문에 굳이 힘들어하는 걸까요? 우리와 같은 한국인들인 교수진들이 출제하는 배점 높은 문제에는 이러한 양념 같은 요소들이 많은 이유는 뭘까요? 굳이 안 써도 되는 것을. 왜 반드시 써야 하는 것으로 만든 걸까… 고민해 봐야 합니다.

원어민은 그것을 생략하면서 간결하고 쉽게 말할 때가 많아요. 많아도 너무 많죠. 그러므로 우리가 '본래 영어를 쓰는 원어민들에게 칭찬받는 영어'를 하기 원한다면.

to부정사를 쓰려고 고군분투하면서 우리의 말하기 속도를 늦추는 것보다는
기본을 지킨 단문(들)의 활용을 통해 빠르고 정확하게 말을 하는 것도
- 우리 입장에서는 원하는 것을 말하기가 (그나마) 쉽고 (조금) 빠르며
- 원어민의 입장에서도, (우리가 고민하는 시간을 줄인) 효과적인 대화를 하도록 하는 것이 상호 유익이 있는 것이죠.

31th

to부정사

: 그 외로 활용하고 싶을 때

패턴을 죽이는 영어 2

Class

'알고 보면 안 써도 되는 요소들'을 정확히 학습하시는 이유는, '그것을 말하지 않아도 충분히 좋다는 것을 알기 위함' 입니다. 알고 안 쓰는 것 - 몰라서 못 쓰는 것. 질적으로 완전히 다르죠. to부정사를 굳이 쓰지 않아도 되는 사람이 되기 위해서… 그것을 배우는 겁니다. 그리고 그것이 내 귀에 들릴 때 알아는 듣자는 것이죠.

지금 우리가 살펴보려고 하는 것을, 공교육에서는 흔히 to부정사의 '부사적 용법'이라고 배웠습니다. 부사… 대체 뭔가요. 지금도 그 한자는 물론 의미도 모릅니다. 그래서 그 명칭을 to부정사가 그 외로 쓰일 때, 그러니까 앞서 학습한 주어/목적어 혹은 형용사로 문장 속에서 쓰일 때를 제외하고 나머지 전부, '그 외로 활용 될 때'… 로 이름 지었어요.

to부정사가 그 외로 쓰일 때의 대표 문장 형식

그런 거 없습니다. 모든 상황에서 님이 말하고자 하는 문장이 기본을 지킨 상태에서 완성되어 있다면. 그 문장 안에서 언제든지 그 외로 쓰이는 to부정사를 양념으로 활용할 수 있어요. 그 기본이 안 되면 이것 역시 말짱 헛것입니다.

그 외로 쓰일 때의 대표적 해석 6가지

그런 것들은 있어요. 지금까지 정해진 해석 방법이 없는 부정사. 그 추상적인 것들을 기존의 영문법과 실제 활용에 기반하여 살펴봤죠. '그 외'로 활용되는 경우 그 방식이 절정에 달합니다. 그 해석을 규정지을 범위가 존재하지 않는다는 것이죠. 그러나 저의 경험과 2022년 영문법 최신형에 기인하여 정리해 봤습니다. 아래에 정리한 것 그 외에도 '혹시 이런 해석도 가능할까' 하는 생각으로 자신 있게 활용해 보세요. 내가 의도한 대로 원어민이 이해하는 경험을 하실 겁니다. 기억하실 것은 그 해석 방식이 '해당 문장의 '핵심 주어'와 관계가 있다.' 는 거예요.

그 외의 to부정사 해석

주어 + 동사 (평서문/질문) + (을/를) to동사원형
                (주어가) 동사원형 하려고
                (주어가) 동사원형 하려면
                (주어가) 동사원형 하기에는
                (주어가) 동사원형 하기 때문에
                (주어가) 동사원형 할 정도로
                (주어가) 동사원형 한다면

---

to부정사가 아무리 멋들어지고 화려하게 만들어지면서 우리의 영어에 온갖 치장을 한다 하더라도, 그 앞에 나온 문장이 엉망이면 우리 영어도 엉망인 겁니다. 같은 말씀 계속 드려 죄송해요. 근데 우리가 그 실수를 여

전히 하긴 하잖아요. 잔소리를 드려야 하는 제 기분이 어떻겠어요… 좋죠. (죄송합니다.) 몇 가지 예문을 만들어 볼까요?

She came to talk to you.
그녀가 왔어요 당신과 대화하려고.

This is difficult to understand.
이거 어렵다. 이해하기에는.

I am so tired to work everyday.
너무 피곤해… 일하니깐 매일…

You will see her to come here.
너는 볼 거야 그녀를 여기 오면~

He loves you to marry her.
그녀는 널 사랑해 (너가 아닌) 그녀와 결혼할 정도로

Did you call me to talk about it?
그거에 대해 얘기하려고 전화하신 거예요?

Can you come to take it today?
그거 가지러 오늘 오실 수 있어요?

님의 입에서 나오는 실제적이고 다양한 문장을 만들어 보시고 궁금하신 것 물어보세요.

이제 제가 무슨 말씀을 드리게 될까요… 네. 바로 그겁니다.

to부정사의 그 외 활용에 대한 패죽영 생각

1 굳이 안 써도, 기본을 지킨 단문(들)에 성공한다면 같은 의미를 전달할 수 있다.

2 그것을 안 쓰고 단문으로 말하는 것이 우리 보통의 말하기에 더 가깝지는 않은가?

3 원어민은 우리의 문장에 그것이 있건 없건, 애초에 신경을 안 쓴다.

오후 시간의 어느 사무실. 어떤 그녀/그가 올 거라는 것을 직원과 사장이 서로 알고 있는 상황을 가정해 보죠.

직원 : She came.
해석 : 그녀/그가 오셨습니다.

사장 : Why (did she come)?
해석 : 왜요?

직원 : ?!
해석 : ?! (당연히 너 보러 왔지…)
　　　(she/he came to see you of course…)

위와 같은 소통의 문제가 잠시나마 생긴 것… 굳이 누구의 문제인가를 따져야 한다면, 이미 서로가 알고 있는 상황에 대해 굳이 그녀가 온 이유를 (to부정사) 생략해서 말한 직원의 잘못일까요? 아니면 일정을 기억 못하고 to부정사가 없이는 상황을 이해 못한 사장 잘못일까요? 제 보기엔 사장의 잘못입니다.

'사장님을 뵈러 …가 오셨습니다.' 라고 말하는 직원분들보다는 '…가 오셨습니다.' 라고만 하시는 분들이 많을 거예요. 나와 대화 상대가 상황을 어느 정도 파악하고 있다면 to부정사는 '반드시 말해야 하는 문장의 요소'… 는 아니었던 겁니다.

어느 점심시간, 자주 가시는 식당을 지나치면서 손으로 가리키시면서…

님 : I came here quite often.
　　저 여기 꽤 자주 왔었어요.

동료 : Why would you?
  왜 오셨던 거예요?

님 : To have lunch.
  점심 먹으러요.

동료 : Ah… to have lunch.
  아 점심 먹으러요?
  ('점심 먹으러'를 말씀 안 하시니 뭔 말이지 몰랐잖아요)

님 : ?!
  (독백 : 그걸 안 말해 준 내가 이상한 건가…)

저의 마음을 아실 거라고 생각해요. 서로 알고/말 안 해도 자연스레 이해할 수 있는 상황이라면, to부정사는 안 써도 되는 것입니다. 한글로도. 물론 영어로도. '그 외'로 활용되는 to부정사를 말해야 하는 상황은 크게 3개의 경우 중 하나일 거예요.

---

to부정사를 활용하면 더 좋은 상황

- (말 안 해도 되는 그것을) 님이 활용하고 싶은 언제든지.
- 정황을 모르는 상대에게 최초로 상황을 전달할 때.
- 주로 비지니스 문서에서.

점심시간이 아닌 상황에서, 그 여자/그 남자가 곧 도착하는 상황이 아닌 다른 정황에서. 상대가 자연스러운 추측을 하기 어려운 상황에서는 to부정사를 활용해서 자세한 상황을 설명해야 하는 경우가 있을 겁니다. 혹은 상대가 말하는 모습을 눈으로 직접 볼 수 없는 문서 간 교류에서는 그 상황을 상대가 그려 볼 수 있도록 양념을 활용하는 것이 더 좋을 수 있겠습니다.

이렇게…

to부정사라는 두 번째 양념의 해석 방식과 활용 방법을 '실제 우리가 말하는 방식' 과 '공식' 을 도구로 알아봤습니다.

기본은 여전히 우리의 발목을 잡고, 앞으로의 다른 2개의 양념 활용에서도 그럴 거예요. 소스를 만드시느라. 메인 요리를 망치면 안 되는 것처럼. 기본을 꽈악 잡으시기를 바라요. 어려워 보이는 양념들은 할 만한 것들이 될 겁니다.

다양한 문장을 to부정사를 넣어서 원하시는 문장 스스로 만들어 보시고 저에게도 보여 주세요, 더 잘 하시도록 도와드리겠습니다. 이 지겨운 to부정사를 끝내는 줄 알았는데 하나가 남았네요. 심지어 제가 비추하는 be동사와 관련한 것. 별로지만… 보긴 해야죠. 원어민들이 말하는 거니깐.

32th

동사원형 + ing

패턴을 죽이는 영어 2

Class

동사원형, 그 뒤에 '잉'. 이거 배워 볼게요. play는 playing, study는 studying 이런 것들. part1에서 학습한 **be동사 뒤에 ing와는 다른 겁니다.** 여기서 우리가 학습하는 것은 ing는 완전한 문장을 완성시키는 과정 안에서, 그것이 주어, 목적어 혹은 그 외의 요소들로 활용되는 방식을 보는 거예요. 어디엔가 갖고 계실 문법책의 '동명사' 와 '현재분사' 를 가장 현대적인 영어 회화의 방식으로 배운다고 생각하시면 되겠습니다.

현대 영어에서, 비지니스 문서, 일상 영어 회화를 막론하고 ing 의 쓰임이 굉장히 많이 나타나고 있습니다.

배워야 하는 양념이 추가되는 것에 두려움이 없을 수는 없지만 그 두려움을 적당히 즐기시기 바라요. 즐기실 수 있다고 말씀드릴 수 있는 이유는 제가 ing의 해석과 활용 방식을 설명하는 방식은 앞에서 배웠던 to부정사와 굉장히 비슷하기 때문이에요. to부정사의 해석 방식과 해석 방식에 따른 문장의 공식을 기억하시면 ing 또한 할 만한 것이라 느끼실 겁니다. 천천히, 하나씩 살펴보죠.

to부정사 배웠을 때 첫 번째로 살펴본 것은 그것이 문장 속에서 주어로 쓰였을 때였어요. ing도 마찬가지 입니다.

ing : 주어로 말하고 싶을 때

　심지어 그것의 해석 방식과 그렇게 활용되었을 때의 대표적인 문장 형식도 to부정사 때와 똑같습니다. 내 입에서 '동작하는 거가요… 동작하는 거는요…' 등의 말이 나온다면 to부정사 말고도 ing를 활용하실 수 있다는 것이죠.

> **ing (주어일 때) 해석 방법**
> 해석 : 동사하는 것 은/는/이/가

　to부정사 때와 마찬가지로, ing 로 만들어진 주어는, **본래 주어가 아닌 것이 주어가 된 것**이므로, to부정사나 간접의문문이 문장 속에서 주어로 쓰였을 때와 마찬가지로 **it 으로 취급**됩니다. 그러므로 그 뒤에 나오는 동사는 'it 뒤에 나오는 동사' 일 수밖에 없어요. 네, 여기에서도 기본이 다 합니다. 그 기본 활용력은 온전히 남의 것이고요. 아래와 같은 평서문의 문장 구조가 만들어집니다.

> **ing : 주어일 때 평서문의 공식**
>
> ing~ …　is/was (not) …
> 　　　　일반동사원형(스)
> 　　　　does not + 일반동사원형
> 　　　　일반동사과거 …
> 　　　　did not + 일반동사원형
> 　　　　조동사 (not) + 동사원형
> 　　　　has (not) + pp

이 문장 구조는, 현대 영어에서 자주 볼 수 있어요. ing 를 포함한 주어의 길이가 2단어 이상이 되면서 + 우리 눈에는 어렵게 느껴질 수 있지만, 가만히 보고 있으면, 앞에서 학습한 **'to부정사가 주어일 때의 평서문의 문장 공식'** 과 똑같다는 걸 보실 거예요. 주어의 모양만 달라졌을 뿐이고, 해석 방식이 동일하기 때문에 어떤 것을 활용하는 건 큰 차이는 없습니다.

Drinking with friends is good.
친구들과 술 마시는 것은 좋다.

Drinking with friends is not always good.
친구들과 술 마시는 것이 항상 좋지는 않다.

Drinking with friends helped a lot.
친구들과 술 마시는 것이 많이 도움이 되었다.

Drinking with friends did not help.
친구들과 술 마시는 것이 도움이 되지 않았다.

Drinking with friends would help.
친구들과 술 마시는 것이 도움이 될 것이다.

Drinking with friends has not helped.
친구들과 술 마시는 것이 도움이 된 적이 없다.

be동사, 일반동사, 조동사 그리고 현재완료의 질문의 공식을 지키신다면, ing 주어를 그대로 활용해서 질문을 말할 수도 있어요. 아래와 같은 문장 구조가 되겠네요.

(의문사) is/was	ing…	이름/상태/위치/ing ?
(의문사) does	ing…	일반동사원형…?
(의문사) did	ing…	일반동사원형…?
(의문사) 조동사	ing…	동사원형…?
(의문사) has	ing…	과거분사…?

Is drinking with friends good?
친구들과 술 마시는 것은 좋은가요?

Did drinking with friends help a lot?
친구들과 술 마시는 것이 많이 도움이 되었나요?

Would drinking with friends help?
친구들과 술 마시는 것이 도움이 될까요?

Has drinking with friends helped?
친구들과 술 마시는 것이 도움이 된 적이 있나요?

위 문장의 모양이 어색한 느낌을 준다면, 좋은 겁니다. 원어민이 위의 방식으로 말하는 경우가 많지 않기 때문이에요.

ing가 주어로서, 문장의 첫 단어로 시작하는 경우는, 평서문일 때가 훨씬 많습니다. 질문에 활용하실 수 있어요. 많이 들어 보지는 못하셨을 거고요. ing를 주어로 하는 질문을 많이 들어 보셨다면 아마도 님은 영국식 영어를 많이 접하신 분이거나 그 방식을 좋아해서 일부러 그렇게 말한 분일 겁니다. 개성 있는 거고요. 그러나 개성으로만 살 수는 없는 이 세상… 조금 더 일반적인 방식을 말하는 방법도 말씀드려야겠어요.

to부정사와 때와 비슷한 방식으로, 그것이 주어로 활용되었을 때의 '질문을 말하는 공식'을 복습하면서 이어 가면 좋을 겁니다.

---

to부정사 (주어일 때) 질문하는 일반적 방식

to부정사를 주어로 활용한 질문을 말하기로 결정하셨다면 (1번 해석)
- 뜻이 없는 it을 주어로 한 질문을 먼저 만들고
- 그 뒤에 to부정사를 붙이는 것이 일반적

그와 같이!

---

ing (주어일 때) 질문에 활용하는 일반적 방식

ing를 주어로 활용한 질문을 말하기로 결정하셨다면 (1번 해석)
- 뜻이 없는 it을 주어로 한 질문을 먼저 만들고
- 그 뒤에 ing를 붙이는 것이 더 일반적입니다.

결과적으로 (to부정사 때와 같이), 뜻이 없는 주어 it을 활용한 아래의 질문의 공식이 만들어질 수밖에 없는 것이죠.

ing 를 주어로 활용한 질문의 일반 공식
(의문사) is/was it 이름/상태/위치/ing … ing ?
(의문사) does   it   일반동사원형 … ing ?
(의문사) did   it   일반동사원형 … ing ?
(의문사) 조동사 it   동사원형 … ing ?
(의문사) has   it   과거분사 … ing ?

Is it good drinking with friends?
친구들과 술 마시는 것은 좋은 가요?

Did it help a lot drinking with friends?
친구들과 술 마시는 것이 많이 도움이 되었나요?

Would it help drinking with friends?
친구들과 술 마시는 것이 도움이 될까요?

Has it helped drinking with friends?
친구들과 술 마시는 것이 도움이 된 적이 있나요?

님이 지금 생각하시는 것처럼 저도 그렇게 생각합니다. **주어로 활용된 ing를 평서문에서 사용하고** 싶으시다면, 그것을 문장의 주어로 시작해서 말하시는 것을 추천드립니다. 그러나 질문할 때는 뜻이 없는 주어 it으로 문장을 만들어 가는 것이 일반적이고 편합니다. 영어를 남들처럼 말하는 것, 개성 있게 말하는 것. 마음대로 선택하시는 것이 짱이에요. 그런데 그 둘의 경우, 공식 안에서 말해야 하는 것. 기억하시기 바라요.

주어 ing…
써 먹어야 더 잘하는 걸까

꼭 그렇지는 않습니다. ing로 쓰인 주어를 과감히 생략하고, 그 대신 기본을 잘 지켜서 1개 이상의 단문으로 어떻게든 동일한 의미를 전달해 볼게요. ing가 들어간 문장과 청자에게 들리는 모양새는 다르지만 꽤 자연스러운 문장들입니다.

Is it good drinking with friends?
친구들과 술 마시는 것은 좋은 가요?

You drink with friends sometimes.
너 친구들하고 술 마시잖아.
Is it good?
그게 좋아?

Did it help a lot drinking with friends?
친구들과 술 마시는 것이 많이 도움이 되었나요?

→

You drank with friends yesterday.

Did it help?

어제 친구들과 술 마셨잖아요.

도움이 되던가요?

Drinking friends yesterday was good.

어제 친구들과 술 마신 것이… 좋았어요.

→

I drank with friends yesterday.

And it was good.

어제 친구들과 술 마셨는데

좋았어요~

주어 ing를 반드시 활용해야 하는 경우는 없습니다. 님이 그것을 활용해서 말하기 원하면 말할 수 있는 것이죠. 그것을 활용 여부가 나의 영어의 레벨을 결정하지 않습니다.

ing를 주어로 활용한 다양한 문장을 만들어 보시고, 저에게도 나눠 주세요. 더욱 님 마음대로 활용하시도록 도와드리겠습니다.

다음 수업에 배울 ing 활용법도 to부정사의 두 번째 활용 방법과 거의 비슷해요. 딱 하나만 빼고요.

33th

*ing*를 목적어로 쓰고 싶다면…

패턴을 죽이는 영어 2

Class

to부정사를 아는 것이 ing 를 아는 것에 도움된다는 것 실감하고 계신 상황입니다. 이번 수업에서도 그럴 거예요. to부정사를 목적어로 활용하고 싶을 때, 해석 방법 기억하시나요?

> **to부정사 목적어일 때 대표적 문장 공식**
>
> '동작하는 것을/를' 로 해석이 되면서
> 일반동사 want 로
> 일반동사공식으로 문장을 만든다.
> 목적어 자리에 to부정사를 말한다.

이렇게 정리했었지요. 문장 속에 목적어가 있다는 것은 기본적으로는 그 앞에 일반동사가 있다는 말이니까. 일반동사 평서문/질문의 공식을 지켜서 '을/를' 직전까지의 문장을 만드세요. 그리고 목적어 자리에 ing 를 딱 말합니다. 해석 방법도 to부정사 때와 같아요. 일단 아래와 같이 도식화해 볼 수 있겠습니다. 새로운 문장 공식의 등장… 1도 없음을 보실 거예요.

> ### ing. 목적어일 때

해석 : 동작하는 것 '을/를'

문장공식 : 일반동사공식 준수한 문장 만듦
　　　　　이후, 목적어의 자리에 ing가 오게 됨.

주어 + 일반동사원형　+ ing
　　　일반동사원형(스) + ing…
해석 : 주어가 동작한다… ing 하는 것을/를

모든 주어 + 일반동사과거형 + ing…
해석 : 주어가 동작했다… ing 하는 것을/를

주어　do not　 + 일반동사원형 + ing…
주어　does not + 일반동사원형 + ing…
해석 : 주어가 ing 하는 것을 동작하지 않는다.

주어　did not + 일반동사원형 + ing
해석 : 주어가 ing 하는 것을 동작하지 않았다.

(의문사)　do　 + 주어 + 일반동사원형 + ing…?
(의문사)　does + 주어 + 일반동사원형 + ing…?
해석 : 주어가 ing 하는 것을 동작하나요?

(의문사)　did　 + 주어 + 일반동사원형 + ing…?
해석 : 주어가 ing 하는 것을 동작했나요?

　원어민들에게 위의 문장을 말하는 것에 있어서 중요한 것은 ing 자체라기보다는 ing 앞에 등장하는 '말이 되는 문장' 이에요. 귀에서 피 나는 거 알고 있습니다.

그리고 이번에는 두통을 드릴게요. 기억력 테스트입니다. 'to부정사가 목적어일 때'. 그 앞에 나오는 희망동사 중에서 '이것만 알고 계셔도 충분한' 일반동사가 있었는데 … 그게 뭐죠? want 였습니다! 그리고!

> **ing 가 목적어로 쓰일 때 그 앞의 일반동사**
> : 'want 빼고 거의 대부분의 일반동사'

이렇게 정해 놓으시면 그것이 목적어로 활용되는 모든 문장들의 90%를 말할 수 있습니다.

to부정사를 목적어로 (주로) 갖는 희망동사들 중에는 like, love 가 있었잖아요?! 그 동사들 뒤에는 목적어로 ing 가 올 수 있고요. 해석 방법도 큰 차이가 없습니다. 근데 왜 하필 want 가 ing 앞에 올 수 없을까요? 저는 모릅니다. 대부분의 원어민들도 모르고요. 그냥 올 수 없어서 못 와요. 이게 가장 원어민스러운 이해 방식일 겁니다. 예문 몇 개 만들어 볼까요?

I like walking.
제가 걷는 것을 좋아하거든요.

She does not like walking.
그녀는 걷는 거 안 좋아라 해요.

Do you like listening to music?
음악 듣는 거 좋아하세요?

They will delay meeting us for their condition.
그들은 우리를 만나는 것을 미룰 거예요 그들의 상황 때문에….

Can we postpone meeting you to wednesday?
뵙는 것을 수요일로 미룰 수 있을까요?

님이 실제로 사용할 만한 다양한 문장을 만들어 보시고, 저와 함께 확인해 보아요.

저와 함께 학습하시면서, '초반에(part1에서) 뭔가 뭔가 빡시게 암기하고 나니 그 다음이 조금씩 수월해진다.' 라는 느낌을 받으신다면, 아주 좋은 겁니다. 다른 언어들에게도 왠지 있을 것만 같은 '핵심' 이 영어에도 있고 저는 그것을 기본이라 부르고 있죠. 그것을 계속 지키려고 하다 보면 다른 것들이 조금씩 수월해집니다.

여러모로 to부정사와 비슷한 ing. 그것의 세 번째 활용. 그 해석 방식과 활용하는 방법도 to부정사와 비슷해요. 그쵸. 어렵지만 이해하실 수도. 원하실 때 활용하실 수도 있을 거예요. 다양한 문장 만들어 보시고 궁금한 것들 물어보시면 돼요. 번호 저장해 두셨죠.
010-2481-0591

34th

ing… 형용사로 쓰고 싶을 때

패턴을 죽이는 영어 2

Class

ing 는 현대 영어에서 많이 쓰는 양념이에요. 쓰기 좋은 양념이고 어느 음식의 맛이라도 살려 주는 양파 같다고나 할까요?! 물론 조리사가 원하는 만큼 적절히 활용된다면요. 그 ing 의 세 번째 쓰임. 그것이 형용사로 쓰일 때예요. 변함없이 to부정사와 비슷한 방식으로 설명해 드리려고 해요. 거의 복사해서 붙이기입니다. 살짝 다른 면도 있고요. 그럼. 바로 고

일반적인 형용사라고 불리는 것이 명사 앞에 나와서 뒤에 나온 명사를 보충 설명해 줍니다.

> 예 : beautiful (형용사 : 상태) mind (명사 : 이름)

to부정사에서처럼, ing 가 형용사로 쓰일 때에는, 그 위치가 '명사의 뒤' 입니다. 그리고 최신 문법과 가장 현대적인 영어의 모습들을 보고 나서, '이거면 되겠다.' 며 정리한 그것의 해석 방식은 'ing 하는 앞명사' 이고요.

> ing. 형용사일 때
>
> 활용공식 :
> 앞명사 (주어/목적어 활용) + ing
>
> 해석 : ing 하는 앞명사

이 양념을 활용할 수 있는 문장의 형식은 '기본을 활용한 모든 문장' 입

니다. 특정한 문장 형식이 없다는 것이죠. 님이 말하는 어떤 문장이든 '주어' 혹은 '목적어' 에 활용될 수 있습니다. 이쯤 되면 제가 무슨 말씀을 드릴지 아실 텐데요. 이번에도 님 생각이 맞아요. 이 양념의 앞, 뒤에 말하는 문장에 기본이 되면. 다 된다는 겁니다. 일단 '앞명사 + ing' 이 구문만 몇 개 만들어 볼까요?

The person sitting there.
저기 앉아 있는 사람.

The catalogue explaining about it.
그것에 대해 설명해 주는 카탈로그.

The bus going to 인천.
인천 가는 버스.

이런 방식이에요. 크게 어렵지는 않죠. 그 해석 방식을 보면 '쓸모가 많을 것 같다.' 는 생각도 드실 겁니다. 그렇게 활용하시면 돼요. 이 정도를 말하는 것도 쉬운 것도 아니지만, 주어 혹은 목적어를 만든 것에 불과해요. 님과 저는 이것들을 가지고 문장을 만들 수 있는 사람입니다. 일단 목적어로 활용해 볼까요?

Do you know **the person sitting** there?
저기 앉아 있는 사람 아세요?

Can I get a **catalogue explaining about it**?
그것에 대해 설명하는 카탈로그를 받을 수 있을까요?

Is this **the bus going to 인천**?
이거 인천 가는 버스예요?

같은 문구를 주어로 활용해서 문장을 만들어 볼게요.

The person sitting there smokes.
저기 앉은(앉아 있는) 사람… 담배 핀다.

The catalogue explaining about it should read easy.
그것에 대해서 설명하는 카탈로그는. 읽혀야 해요. 쉽게.

The bus going to 인천 is this.
인천 가는 버스가…… 이거구나.

이제 한 번 보세요. **the person** sitting there 뒤에 나오는 동사의 모양이 smoke (동사원형) 가 아니고 **smoke's**'여야 하는 이유는 뭘까요? **person** 이 한 사람이고 **she/he** 로 **취급**되기 때문이에요. 제가 만약 the person 대신 the people 를 주어로 삼았다면 반대로 smokes 가 아니고 smoke 여야 원어민들은 저의 말을 이해했을 겁니다. 제가 말씀드리고자 하는 것을 도식화해 볼게요.

단수 주어 양념ing …… + 단수동사
(1명/1개 이름)

복수 주어 양념ing …… + 복수동사
(2명/2개 이상 이름)

    ing 를 활용해서 그 앞에 있는 주어를 보충 설명하고자 한다면, 어쩔 수 없이 주어는 2단어 이상으로 구성되죠. 지금처럼 서면으로 내가 말하는 것을 '볼 수 있는 것' 과는 달리. 실제 현장에서는 '내가 말하는 문장들이 보이지 않기 때문에', '내가 뭐라고 말했는지를 기억하는 것' 이 상당히 중요합니다. 주어가 한 단어인 문장을 말하는 것도 쉽지 않은데, 그것이 두 단어 이상으로 많아지면 내가 말한 그 긴 주어에 해당하는 정확한 동사를 말하는 것이 더욱 어려워져요.

쉬운 것이 아닙니다

1) 주어와 동사 사이에, ing 를 형용사로 활용하고
2) 그 와중에 내가 이미 뱉은 주어의 모양을 기억하고
3) 그 주어에 어울리는 동사를 말하는 일련의 과정.

    눈에 보이지 않는 + 내가 말하는 문장을 + 어떻게든 시각화시켜서 기억하면서 말하는 이 과정이 초반에는 거의 공포로 다가올 겁니다. 그러나…

① 조근조근 성공적으로 문장을 만들어 내고

② 용기를 내어 입 밖으로 뱉어 내고

③ 내가 만든 문장을 들으며

　고개를 끄덕이는 원어민들을 보면서

④ 분명한 성취감을 느끼실 거예요.

⑤ 이후 더 성장하실 겁니다.

　제대로 하신다면. 아주 조금씩.

그 과정을 조금씩 즐기시면서 성공적으로 활용할 수 있다면 정말 멋지고 좋은 것이죠. 필요한 경우 혹은 원하시면 이 양념을 적극적으로 활용하시기를 바랍니다. 궁금하신 것 물어보시고요. 멋지게 활용하시도록 도와드릴 겁니다.

ing 형용사 활용에 대한 패죽영 생각

다른 양념들처럼 이것의 활용에 대한 저의 생각은 확고합니다. 강요하는 건 아니지만. 그냥 저의 생각이 이렇다는 거예요. 그것을 멋지게 활용하실 수 있음에도 불구하고….

- 형용사 ing 를 쓰지 않기로 결정하시고
- 그 대신, 기본을 지킨 몇 개의 단문들로 비슷한 의미를 전달한다면
- 쓸 때만큼 (혹은 쓸 때보다도) 더 좋은 말하기가 가능할 수 있어요
- 그것의 활용여부… 원어민에게는 그리 중요하지 않습니다.

Do you know the man sitting there?
저기 앉아 있는 사람 알아?

좋은 문장이죠. 목적어와 함께 활용된 sitting 을 쓰지 않고 + 기본을 활용한 단문으로 나열해도 똑같이 좋은 문장입니다.

A man is sitting there.
한 남자가 저기 앉아 있잖아.

Do you know him?
저 남자 알아?

이렇게 나눠서 이야기하는 것이 일단 쉽고요. 이런 것들도 원어민들에게는 더할 나위 없이 좋은 문장입니다.

The catalogue explaining about it should read easy.
그것에 대해서 설명하는 카탈로그는. 읽혀야 해요. 쉽게.

Explaining 이 주어와 함께 활용되면서 멋들어진 문장이 만들어졌어요. 그런데 그것을 내려놓고 그 대신 기본을 준수한 단문 2개로 나눠 볼게요.

The catalogue explains about it.
그 카탈로그가 그것에 대해 설명하는 거잖아요.

It should read easy.
(그게) 쉽게 읽혀야죠.

ing 를 쓰지 않고, 그 대신 기본을 준수해서 이야기하는 단문의 나열 방식이 듣는 이로 하여금 메시지를 더욱 명확하게 들을 수 있게 하는 게 아닌가… 하는 것이 저의 생각이에요. 님의 강사가 된 저로서는 이런 방식을 혹은 저런 방식도 원하시는 대로 활용하시면서, 더욱 님 마음대로 + 균형 잡힌 영어를 활용하는 재미를 느끼시기를 바라고, 내가 원하는 방식으로 대화를 성사시키는 성취감을 만끽하시기 바라는 겁니다.

4개 양념의 절반 이상을 지나오고 있습니다. 힘을 내서 함께 가 보아요.

지금 카페에 있는데요, 분명히 원두를 자체 로스팅한다고 광고하시는데, 커피 맛도 그냥 그렇고, 전혀 작동된 적 없는 듯 보이는 로스팅 기계만 광을 내며 놓여 있네요. 어떻게 된 거죠.

35th

ing… 그 외로 쓰일 때

패턴을 죽이는 영어 2

Class

이 ing가 현대 영어에서 쓰임이 많다고 말씀드렸는데, 그 중에서도 많이 쓰이는 경우에 대해 배울 겁니다. 물론 모든 것이 되는 기본만을 사용하기로 결정하고 그것을 준수한다면… ing 또한 다른 양념들처럼 '안 말해도 괜찮은' 양념 중 하나에 불과하고요. **그럼에도 많이 활용되는 양념이니.**

1) 필요할 때 활용하기 위해
2) 상대가 그것을 말할 때 알아듣기 위해

그것이 어떻게 해석되는지 알아봐야겠네요. 해석 방법을 말씀드리기 전에 그 해석 방법이 결정되기까지의 배경을 말씀드리는 게 좋을 것 같습니다.

그 외의 ing 해석의 배경

최종 결과의 '배경'을 아는 것. 굳이 '좀 있어 보이려고 끼워 넣는 학습의 과정'이라고 생각할 때가 있죠. 저도 배경을 아는 건 시간 낭비라고 생각한 적이 있었는데요. 적어도 여기서 만큼은 그 배경을 아는 것이 도움이 될 겁니다. 편의를 위해 주어가 같은 두개의 문장을 만들어 볼게요.

> I talked with her.
> : 난 그녀와 대화를 했다.
>
> I had dinner with her.
> : 그녀와 저녁 식사를 했다.

'주어가 같은' (각 문장의 주어가 같다는 것이 중요해요.) 두 개의 문장… 하나로 연결시켜 볼게요. 두 문장을 연결시키기 위한 단어가 필요하겠네요. 네, '연결사' 라고도 부르는 '접속사' 가 필요합니다. 현대 영어에서 가장 핫하고 다양한 뜻을 가지고 있는 접속사 as 를 사용해서 두 문장을 붙여 볼게요.

> I talked with her as I had dinner with her.

1 주어가 같은 두 개의 서로 다른 문장들이
2 접속사를 사이에 두고 연결 + 되어 있는 상황

'ing 의 4번째 해석 방법' 을 이해하기 위해 (요즈음 거의 무의미한) 미국식 영어와 영국식 영어를 구분하는 특징 중 하나를 살펴볼 필요가 있습니다. 몇 가지 특징이 있겠지만 가장 큰 흐름 중 하나를 말씀드릴게요.

> **2022년 현재**
> 영국식 영어 : 같은 해석이라면
>   길게 말해도 좋고 짧게 말해도 똑같이 좋음.
> 미국식 영어 : 같은 해석이라면 간결한 구조가 더 좋음.

동일한 단어를, 중복되는 것이라 생각하면서, 불필요하다고 느끼고 결과적으로 그것을 생략하려고 하는 미국식 영어의 눈으로 보면 접속사 as 뒤에 등장한 I 라는 중복된 주어를 생략하고 싶어지는 겁니다. 상대적으로 영국인들은 그것이 있거나 없거나 크게 신경 쓰지 않고요.

> **미국 영어:**
>
> I talked with her
> as 'I(앞에 이미 나온 이 주어 … 지우고 싶다)' had dinner with her.

그렇게 두 번째 I 가 없어지면서 다음과 같이 돼요.

> **중간 과정 1**
>
> I talked with her as had dinner with her.

이렇게 되고 보니, 주어가 없는 것은 또 이상해요. 주어는 영어의 문장에서는 기본적으로 없어서는 안 되는 것이니까요. had 라는 동사에 적절한 주어는 반드시 있어야 하는 것이죠. 이것을 염두에 두면서도 미국식 영어는 '간결히 하고자 하는 욕구' 를 이어 갑니다. '아, 접속사가 있으니 문장이 필요한 거니깐… 음… (as로 대표한) 접속사를 일단 지우자' 결론 짓는 것이죠. 아래와 같은 모습이 될 겁니다.

중간 과정 2

I talked with her had dinner with her.

중복된 단어가 생략되고 본래 있던 단어가 없어져서 보기에는 간결해졌지만, had 라는 과거동사가 여전히 눈에도 귀에도 거슬립니다. 동사가 나왔다면 그 앞에는 주어가 있어야 하니까요. 제 추측에는, 이 상황에서 그들은 아마도 아래와 같이 결론을 내린 것 같습니다.

1. 접속사 뒤에 등장하는 동일한 주어 지우고.
2. 본래 있었던 모든 접속사, 그것도 지우자. 그 대신.

3. 중복 사용된 주어 뒤에 나오는 동사의 형태를…
   모두 ing 로 통일하자.
   (중복된 주어가 ing 하는 것으로!)

4. 다양한 접속사의 해석을
   ing가 모두 갖는 것으로 하자.

최종적으로 본래의 두 개의 문장을 결합시키되, 중복 주어 일단 없애고, 본래 있었던 접속사도 없애고 나서, 두 번째 문장의 동사를 ing로 통합시킨 결과… 모양새 괜찮은 문장이 탄생합니다.

최종 결과

I talked with her having dinner with her.

동사 have 뒤에 ing 를 붙인 having 은 **문장의 핵심 주어인 'I' 가 하는 것입니다.** 그리고 having 에는 우리가 이미 이런저런 방식으로 알고 있는 접속사들의 의미가 들어 있습니다. 예를 들면 아래와 같이.

---

having : 모든 접속사 해석을 갖게 됨.

I talked with her having dinner with her.

저녁식사를 해서 (so)
저녁식사를 하고 (and 해석)
저녁식사를 할 때 (when 해석)
저녁식사를 했더라도 (though/but 해석)
저녁식사를 하면서 (as 해석)

'다양한 해석을 대화의 정황에 맞게 받아들이는 것은 청자의 몫' 이고, 정황에 맞게 활용해야 하는 것은 화자의 책임이에요. 님 마음대로 활용하시면 상대도 상대 마음대로 알아듣게 된다는 겁니다. 무책임한 대화의 모습처럼 보일 수도 있지만, 영어가 그런 특성들이 좀 있는 것 같아요.

'내가 의도한 해석의 모양새' 를 그나마 알기 쉽게 전달하기 위해 원어민들이 사용하는 언어 외적인 요소들이 있습니다. 표정의 변화, 어조나 억양의 변화를 주는 것이죠. 같은 말을 하더라도 '원어민들의 표정이 우리보다 더 다이나믹하다.' 는 느낌을 가끔 받으시는 이유는 그 때문입니다.

이러한 ing 의 다양한 해석에도 불구하고

그 넓은 해석 방식에 울타리를 쳐서 어느 정도 제한시킬 필요는 있습니다. 그래야 마음 놓고 자유롭고 정확하게 활용할 수 있을 거니까요.

수년간 원어민들의 실제 대화, 영화, 드라마 그리고 뉴스들을 토대로, 한국인인 우리가 어떤 한글 말하기 스타일을 갖고 있든 간에 '그 외로 쓰인 ing' 가 '이렇게 해석되는 것이 가장 적합하겠다.' 하는 것을 나름의 결론을 지어 보았습니다. 그게 아래와 같아요.

그 외로 쓰인 ing 의
2022년에 가장 적합한 해석 방법

주어 동사 … ing
　　　　　(주어가 : 동사하면서/하면서도)

지금까지의 제가 사는 세상에서의 ing 가 그 외로 쓰일 때의 가장 보편적 해석은 (앞에 나온 주어가) ing 하면서… 입니다. 근데 생각해 보니 하나의 해석을 덧붙일 필요는 있겠더라고요. 접속사 중에서는 though 라는 혹은 although 도 있죠. 그래서 위와 같이 정리한 겁니다. ing 를 위의 해석으로 활용하면 어떤 분의 말하기라도 어느 정도 들어맞고, 무엇보다도 (2022년 11월 현재) 가장 원어민스럽습니다. 어떤 접속사의 해석이라 하더라도 '동작을 하면서(도)…' 라는 해석에 얼추 들어맞더라는 거예요. 저의 소견이지만 저는 그걸 좀… 믿어요.

I am here studying.
난 여기 있어, 공부하면서.

Can you buy snacks coming home?
당신은 사 올 수 있어요 스낵들을 여기 오면서?

He helped me a lot being busy enough.
그가 도와줬어요 나를 많이 충분히 바쁘면서(도).

주어가 **'두 개의 동작을 동시에 하고 있다는 느낌'** 을 받으신다면, 잘 느끼셨습니다. 바로 그거예요. '동일한 주어가 + 2개 이상의 동작을 동시에 하는 모습을 말하고 싶을 때' 바로 그 때가 이 ing를 활용 (해야 하는 경우는 없어요) 하실 수 있는 때입니다.

다양한 예문 만들어 보시고 저에게도 알려 주세요. 님의 환경에 맞는 문장을 함께 생각해 보아요. 이제 저는 어떤 말씀을 드리게 될까요….

그 외의 ing… 써 먹어야 더 좋은 말하기를 하는 걸까요

아니요. 이 양념을 잘 연마하고 연습해서 실제 상황해서 활용까지 하게 되면 아주 좋은 거예요. 우리 기분이 좋습니다. 그리고 우리의 대화 상대 목표인 원어민들은 그렇게 생각하지는 않습니다. 활용하지 않는다고 베이직(basic)한 것도, 활용했다고 해서 우리의 영어가 업그레이드(upgrade)된 것도 아니에요. 그러한 태도가 실제 원어민의 말하기 세상에 없습니다. 그러한 배경을 바탕으로 (다른 양념들에서와 같이) 아래와 같은 방식으로 말하는 것을 개인적으로 추천합니다.

> 그것을 활용하는 능력을 가진 우리이지만. 가끔은.
> - 그것의 활용을 내려놓고
> - 그 대신 기본을 준수해서
> - 2개 이상의 단문을 만들어
> - 같은 의미를 전달해 보세요.

더욱 확실한 교수를 위해. 야릇한 예문 하나 만들어 보았습니다.

I went to her/his place having dinner.

저는 having 속에 after… (…내가 동작한 후에) 의 의미를 의도해 봤어요. 결과적으로 '저녁을 먹은 후에 나는 그녀/그 남자의 장소(거주하는 곳)에 갔다.' 로 해석되겠네요. having 의 활용을 내려놓고 아래와 같이

35th class 125

말하는 건 어떨까요?

I had dinner with her/him
난 그녀와/그와 저녁을 먹었어.

And I went to her/his place
그리고 그녀의/그의 집으로 갔지.

두 문장 모두 좋은 문장들입니다. 그런데 양념 ing 를 빼고. 그 대신 기본을 준수하여 2개의 문장으로 풀어낸 것도 좋은 거 아닌가요? 특별히 문장의 해석으로 보면 (제 보기에는) 두 번째 방식으로 (ing를 활용하지 않고) 말한 것이 듣는 상대로 하여금 조금 더 긴장하게 하는 효과도 있습니다. 원어민에게는 ing 를 활용하는 것, 활용하지 않은 문장들. 모두 똑같이 좋은 문장들입니다.

> 1. ing 를 과감히 빼고
> 2. 대신 기본을 지켜서
> 3. 2개 이상의 단문으로 말하는 것이
>
> = 안 그래도 떨리는 우리의 심장을 침착하게 하는 것이고
> = 오고 가는 대화의 시간이 효율적으로 운용할 수 있게 도와주고
> = 무엇보다 우리의 실제 말하기에 가까운 모습일 수도 있습니다.

눈치 빠른 님은 제가 무슨 말씀을 드리고 싶은지 아실 겁니다?! 활용하면 좋죠. 활용하지 않아도 똑같이 좋습니다. 그럼 왜 배운 것일까요. 적어

도 '반드시 활용해야 하므로' 는 아닙니다. 님이 활용하고 싶을 때, 그것이 필요하다고 생각될 때 활용하려고 그리고 그것의 활용을 들었을 때 '알아 듣기 위함' 인 것이죠.

다양한 문장을 만들어 보시고 궁금하신 것들 물어봐 주세요. 다양한 상황에서 더욱 균형 있고 멋있는 영어를 하시도록 도와드릴게요.

이제. 양념. 1개 더 남았습니다. 조금만 더 힘을 내서. 쉬죠….

36th

제일 있어 보이는 '관계대명사'

패턴을 죽이는 영어 2

Class

'너희들이 관계대명사를 이해하면… 영어를 진짜 잘하는 것이고, 만약에 관계대명사의 생략까지 이해하고 활용할 수 있다면, 너희들은 시민권만 없지, 외국인인 거다… 시청 가서 원어민이라고 하고 국적을 변경할 수도 있다.'

중학생 아이들을 대상으로 영문법과 영어 토론을 교수하던 시절, 제가 즐겨 하던 말입니다. 네. 지금 그 말은 '영어를 좀 더 공부해야 했던 어느 강사의 쌉소리였다.' 고 생각합니다. 그때는 '나보다 영어를 못하는 한국인 보기에 뭔가 있어 보이는 영어를 하도록 하는 것' 에 집중하던 시기였고, 제가 실제 원어민의 영어 말하기를 잘 몰랐어요.

15년이 훌쩍 넘은 지금. 대한민국의 영어 교육… 바뀐 것이 거의 없습니다. 여전히 (우리가 앞에서 학습한) 양념들을 질서 없이 화려하게 내뱉는 영어가 더 높은 수준의 것이라고 인식하고 그렇게 인식하도록 교수하는 사람들이 너무 많습니다. 그 중에서 관계대명사는 우리의 영어를 가장 있어 보이게 만드는 요소로 알려져 있죠. 아래와 같은 상황 직/간접적으로 경험해 보지 않으셨나요?

님 친구	: (갑자기) 너 영어 배운다는데, 영어 한번 해 봐.
님	: We went to the restaurant and I had dinner….
님 친구	: … 모야… 다야?! 기초 영어 배우나 보네. 다른 거 해 봐 좀 수준 있는 거….
님	: I had lunch at the restaurant …which we went last night.
님 친구	: 오… 이제 좀 영어 하는 것 같네. 잘한다. 야. 어디서 배웠어?

우리가 관계대명사를 입 밖으로 일단 말하면, 그 뒤에 나오는 단어들을 우리가 말하기도 전에, 상대의 눈은 (기본으로만 말했던) 전보다 반짝이죠. 우리가 영어를 되게 잘하는 것처럼 보여요.

관계대명사 활용의 진실

다른 양념들 중에서

관계대명사는…
- 원어민들의 입에서 가장 덜 나오고.
- 기본을 활용한 2개 이상의 단문으로의 전환이 무조건 가능하고 자연스러운 요소입니다.

관계대명사가 제가 드리는 마지막 양념입니다. 문장 1개 기준, 목적어까지 완성된 문장… 그 뒤에 나오는 양념으로서의 요소는, 간접의문문, to

부정사, ing 그리고 지금 학습하는 관계대명사. 이렇게 4개이고. 이게 마지막이네요. 다 왔습니다. (근데 왜 책은 아직 절반도 안 온 걸까요)

다른 양념들처럼 이것 또한, 님이 원하시는 대로, 더 정확하고 멋지게 활용하도록 도와드릴게요. 목적은 같습니다. 그것을 활용할 수도 + 안 할 수도 있는. 진정한 자기주도적인 활용을 하시도록 돕기 위해서입니다. 그 개념부터 살펴볼게요.

관계대명사의 개념

그 이름이 '관계' + '대명사' 잖아요. 아래와 같은 개념을 가지고 있어요.

1. 관계 : 관계시킨다. 합친다.
   관계대명사가 들어간 모든 문장은
   본래 2개 이상의 단문이었다는 말.

2. 대명사 : 관계대명사는 '그 앞에 있는 명사를 보충 설명' 하면서
   '그 앞에 나온 명사를 대신' 하게 됩니다. 그래서 대.명사.

→ '본래 2개 문장을 (굳이) 합치는 과정' 에서…
   '그 앞에 나온 명사' 를 '대신' 하여 활용되는
   문장 속 양념입니다.

세상 모든 관계대명사 일단 3개인 걸로

문법이 정하는 관계대명사는 4개(who/which/that/whose)입니다. 그러나 일단 whose는 뺄게요. 이유는, 그것을 '제가 잘 활용하지 않는다' 는… 다소 이기적인 이유입니다. 이기적인 제가 장담할 수 있는 것은 그것을 제외한 나머지 3개를 활용하는 것. 쉽지 않고요. 충분히 원어민스러운 영어를 말할 수 있다는 것입니다.

사용 전, 필수인 것!

관계대명사는 기본적으로 '그 앞에 나온 명사'를 대신합니다. 3개의 관계대명사 앞에는, 명사, 즉 '사물과 사람의 이름이 일단 관계대명사 앞에 나와야 하는 것' 이죠. 그것이 관계대명사를 활용하기 전, 가장 중요한 것입니다. 그것이 없이는 관계대명사의 활용이 어려워져요.

관계대명사 앞 '이름' 필수

이름 who
이름 which
이름 that

이미 아시는 것들

영어에 열심 있으신 님이라면 위의 설명을 들으시고 아래의 것들도 생각하실 거예요. '혹시 이건가' 하는. 그게 맞습니다.

관계대명사 '앞' 이름

'사람(person)' 이름 who
'사물(thing)' 이름 which
'둘 다(both)' 이름 that

'이름' 이라는 것은 문장 속에서 주어/목적어가 될 수 있죠. 관계대명사 앞에 나온 이름의 종류에 따라 주어 뒤에 혹은 목적어 뒤에 적절한 관계대명사를 뒤에 말하는 겁니다. 그리고 사람이나 사물의 구분 없이 사용할 수 있는 관계대명사는 that 이죠.

원어민들이 말하기에서 제일 즐겨 사용하는 관계대명사는 뭘까요. 사물/사람 구분하는 불편 없이 활용 가능한 that 입니다. 관계대명사 앞에 나올 수 있는 것 + 그 뒤에 나올 수 있는 관계대명사를 봤으니까. 이제 관계대명사 뒤에 올 수 있는 것들을 봐야겠네요.

관계대명사 이후

주어/목적어를 말하고 적절한 관계대명사까지 말했다면, 그 뒤에는 제가 지금 말씀드리는 2가지 형태만 나오게 됩니다.

이름(주어/목적어) + 관계대명사 + '동사'…

이름(주어/목적어) + 관계대명사 + '주어 + 동사'…

그리고 **여기에서도 기본은 모든 것**이 됩니다. 그것은 조금 있다가 자세히 말씀드릴게요. 더욱 중요한 위 공식의 해석 방법부터 살펴보겠습니다.

관계대명사의 해석

어떻게 해석되느냐가 '내가 언제 관계대명사를 말할까'를 결정합니다. 아래와 같이 알아 두시면 게임은 끝나요.

이름(주어/목적어) + 관계대명사 + '동사'…
: 관계대명사 뒤의 동사하는 앞명사

이름(주어/목적어) + 관계대명사 + '주어 + 동사'…
: 관계대명사 뒤의 주어가 동사하는 앞명사

다른 양념들보다 그 활용이 복잡해 보인다면, 정상입니다. 그런데 머릿속에 손을 넣어서 (상상으로요) 적절한 주어 + 정확한 동사… 를 기반으로 한 일반동사/조동사/be동사의 문장 공식을 꽈악 잡아서 꺼내 보세요. 이 복잡한 것들도 이해할 만할 거예요. 님의 말하기에 활용하실 수 있고요.

차근차근 몇 개의 관계대명사가 들어간 구문을 문장 속에서 주어/목적어로 활용해 보겠습니다.

앞 이름   관계대명사   동사   …
The people   who   came   here yesterday.
직역 : 사람들. 왔던. 여기. 어제.
의역 : 어제 여기 왔던 분들.

위의 관계대명사가 들어간 요소를 문장 속에서 목적어로 활용해 볼게요.

Do you remember **the people(목적어) who came** here yesterday?
당신은 기억하세요 사람들을 여기 왔던 어제?
의역 : 어제 여기 왔던 분들 기억하세요?

같은 요소를 주어로 활용해 볼까요?

The people who came here(주어) yesterday are our major customers.
어제 여기 오셨던 분들이 저희들의 주 고객들이에요.

어렵게 보이나요? 정상입니다. 어려워 보이는 건 어려워 보여야죠. 저의 손을 잡고 계속 따라와 주세요. 다른 한 손에는 적절한 주어 + 정확한 동사… 라는 기본을 꽈악 쥐는 겁니다. 다른 것도 만들어 보죠.

앞명사　　　　관계대명사　동사 …
<u>The people</u>　　<u>who</u>　　<u>are</u>　here.
직역 : 사람들 있는 여기
의역 : 여기 있는 사람들

위의 문장이 아직 아닌 것을 목적어로 활용해서 문장에 넣는 거예요.
Do you know **the people who are(목적어)** here?
당신은 아세요? 분들을 여기 있는
의역 : 여기 있는 분들 아세요?

같은 것을 주어로도 활용할 수 있어요
The people who are here(주어) didn't get it yet.
여기 있는 분들이 그걸 아직 안 받으셨어요.

관계대명사… 새로운 거 계속 만들어 볼게요.

앞명사　　　관계대명사　동사 …
The people　　that　　would come tomorrow.
직역 : 사람들 올 내일
의역 : 내일 오실 분들

위의 아직 문장이 아닌 것을 목적어로 활용하면,
You should call the people who would come(**목적어**) tomorrow.
당신은 전화해야 해요 사람들에게 올 내일
의역 : 내일 오실 분들께 전화하셔야 해요.

같은 요소를 주어로도,
The people who would come tomorrow(**주어**) will have lunch here.
내일 오실 분들은 여기서 점심을 드실 겁니다.

지금까지는 관계대명사 뒤에 동사가 나오는 구문을 문장 속에 넣어 봤어요. 지금부터는 관계대명사 뒤에 주어+동사 나오는 구문을 활용해 볼게요.

앞명사　　　　　관계대명사　주어 동사 …
The report　　　that　　you wrote
직역 : 보고서… 당신이 작성한
의역 : 님이 작성한 보고서

아직 문장이 아닌 저것을… 문장 속에서 주어로 활용해 볼게요.
The report that you wrote(주어) does not explain about it enough.
직역 : 보고서가… 당신이 작성한… 설명하지 않네요. 그것에 대해. 충분히
의역 : 작성하신 보고서에는 그것에 대해 충분히 설명되어 있지 않네요.

같은 요소를 문장 속에서 목적어로 활용하면,
Did you take the report that I wrote?
직역 : 가져가셨나요 보고서를 제가 작성한?
의역 : 내가 쓴 보고서 가져간 거야?

일단 이 정도로 예문을 본 거예요. 어렵고 복잡해 보입니다. 실제로도 그렇고요. 이제 관계대명사 그리고 그것이 들어간 문장들 속에서 드러나는 공식을 볼게요. 새로운 공식 1도 없어요. 가만히 들여다보면 기본이 보일 겁니다.

기본을 지키다 보면, 이 어려워 보이는 것도 됩니다

지금 님의 귀에서 흐르는 피는 제가 강조하는 기본 때문일 겁니다. (죄송한 부분이고요) 그 기본은 적절한 주어 + 정확한 동사 + 을/를… 이라는 것이고요.

- 관계대명사 자체는 물론.
- 그것이 들어간 문장까지.
- 그것들이 아무리 다양하고 복잡해도
- part1에서 정리한 기본 안에서만 만들어집니다.

위의 멘트를 구체적으로 풀어 볼게요.

영어의 기본
: 적절한 주어 + 정확한 동사 …

앞명사 + 관계대명사 동사 1… + 동사 2…
- 동사 1, 동사 2 모두 관계대명사 앞명사에 깔맞춤
- 대표 해석 : 동사 1하는 앞명사가… 동사 2하다.

예문) The people who came here(주어) yesterday are our major customers.

앞명사 + 관계대명사 주어 동사 1… + 동사 2…
- 동사 1은 그 바로 앞 주어에 깔맞춤
- 동사 2는 관계대명사 앞명사에 깔맞춤
- 대표 해석 : 주어가 동사 1하는 앞명사가 … 동사 2 하다.

예문) The report that you wrote does not explain(동사 2) about it enough.

예문으로 책 한 권을 다 채우고 바로 출간할 수 있지만, 결과적으로 님의 영어 입을 막는 그런 오류를 범하지는 않겠습니다. '어려워 보이는데… 이렇게 하면 되는 건가' 생각하시면서 다양하게 만들어 보시고 물어보시면 됩니다. 다만 기억해 주세요.

> 관계대명사를 만들기 전부터
> 그걸 만드는 중에도
> 그것을 문장 속에서 활용하시는 것까지
> 싹 다. 기본이고 공식입니다.

이런저런 문장을 과감하게 만들어 보시고 궁금하신 것은 그때그때 물어봐 주세요. 시중의 어떤 책에도 나오지 않는 '님이 원하는 문장'을 스스로 다 만들어서 말할 수 있습니다. 그게 원어민의 방식이에요.

굉장히 어려운 부분을 보셨는데, 다음에 저는 뭘 말씀드리게 될까요… 관계대명사는 '되게 있어 보이긴' 하는데 원어민은 정작 그것의 활용에 우리만큼 관심이 없다는 겁니다. 그 생각을 다음 수업에서 나눌게요.

저도 님 못지않게 머리가 아팠는데요. 하아… 좀 쉬죠.

37th

관계대명사 활용에 대한 생각

패턴을 죽이는 영어 2

Class

개념을 설명하면서 관계대명사가 들어간 모든 문장은 본래 2개 이상의 단문이었던 것을 '관계' 시킨 것이라는 말씀드렸어요. 그러므로 너무나도 당연하게 님이 관계대명사를 써서 멋지게 완성한 문장에서….

> 1.
> 관계대명사의 활용을 과감히 내려놓고
>
> 2.
> 대신 기본을 철저히 지킨 단문으로 승부하고자 한다면
>
> 3.
> 관계대명사를 없앤 2개 이상의 단문으로 변경할 수 있고요.

관계대명사를 활용할 수 있었지만, 2개 이상의 단문으로 기본을 지켜 + 쉽게 말한 그 방식은….

> 1.
> 여전히 원어민이 보기에 100점짜리 좋은 문장이고요.
>
> 2.
> 어떻게 보면, 더욱 실제 말하기스럽기도 합니다.
>
> 3.
> 쉽게 말했기 때문에, 상대적으로 상대의 말을 듣는 것에 더 많은 에너지를 소비할 수 있죠.

태어나자마자 영어로 듣고 그것으로 생각하고 말하는 원어민에게 있어서, 일상 회화에서건 비즈니스 회화의 영역이건 간에 '관계대명사를 활용해야 하는 문장'이라는 것은 존재하지 않으며 관계대명사를 써서 한 문

장을 길게 말하는 것이나, 그것을 내려놓고 단문으로 여러 개의 문장으로 같은 의미를 전달하는 것이나. 똑같이 훌륭한 영어입니다.

어떤 면에서는 그 어려운 관계대명사의 활용을 내려놓고, (그것만으로도 어려운) 기본을 준수한 문장들을 정황에 맞게 짧게 만들어 말하면서, (상대적으로 짧게 말했기 때문에) 남은 에너지를 상대의 말을 '듣는 것'에 소비하는 것이, 우리에게는 효율적이며 우리와 '지속 가능한 대화를 하고 싶은 원어민들'에게도 더 바람직한 태도를 취하는 것입니다.

그래도, 님이 왠지 이때는 써야 할 것 같고. 써 먹고 싶고. 입으로 자연스럽게 나올 때는, 쓰면 돼요. 그런 것은 아주 멋지고 좋은 것이죠.

아래의 예문들을 통해 관계대명사가 들어간 문장들에서 관계대명사를 빼고 독립된 단문들로 재구성하는 모습 몇 개 보여 드릴게요.

The book that I said is this.
내가 말한 책이 이거야.

→ 단문 1 : I told you about book.
　　　　　내가 너한테 어떤 책에 대해 말한 적 있잖아.

　단문 2 : This is the book.
　　　　　이게 그 책이야.

This is the book which explains about it.
이게 그것에 대해서 설명하는 책이야.

→ This book explains about it.
　이 책이 그것에 대해서 설명해 줘.
　(두 문장도 필요 없는 경우)

We can go to the cafe which is near.
가까운 카페 가면 되겠다.

→ 단문 1 : We can go to the cafe.
　　　　　그 카페 가면 되겠다.

　단문 2 : It is near.
　　　　　거기 가까워.

I don't have interest in the woman/man that does not smoke.
담배 안 태우는 여자/남자한테는 관심 없어.

→ 단문 1 : She/he doesn't smoke.
　　　　　그 사람 담배 안 피잖아.

단문 2 : I don't have interest.
　　　　　난 관심 없다.

관계대명사… 원하시면 사용하세요. 근데, 사용 안 해도 충분히 좋습니다. 오히려 그것을 사용하지 않으면. 일단 내가 원하는 말을 그나마 쉽게 풀어낼 수 있죠. 문장 간의 호흡이 짧아지면서 대화에 재미와 박진감이 더 생기기도 하고요. 단문으로 나의 생각을 풀어내는 것은 제가 말씀드리는 것 이외에도 여러 가지 유익이 있는 것 같아요. '이게 더 좋다.' 라고 결정짓기보다는 기호의 차이일 수도 있겠습니다.

제가 보기 원하는 건. 님이. 법 안에서. 이렇게. 저렇게. 님 마음대로 영어를 활용하시는 모습입니다.

관계대명사에 대해 딱 하나만 더 말씀드리고.
4가지 양념에 대한 수업… 정말 마칠게요.

님.
이렇게.
part2의 **핵심.**
4개 양념을 마칩니다.

양념을 마무리 하며…

패턴을 죽이는 영어 2

Class

1개 문장을 기준으로 기본을 준수한 '주어 동사 을/를…' 를 완성시키고 나서 그 뒤에 나와서 해당 문장을 보충해 주는 양념은 우리가 학습한 지금까지의 4개 요소뿐입니다. 그리고 많은 경우.

- 양념의 활용을 (할 수 있지만) 일부러 내려놓기로 결심하고.
- 대신 4개의 기본을 정확히 활용해서.
- 정황에 맞는 두 개 이상의 단문으로 나열해서 말한다…면!

- 여전히 원어민 보기에 똑같이 좋은 영어이고!
- 우리에게는 쉬울 것이고!
- 쉽게 말하고 + 듣는 것에 집중할 에너지가 생기니까
  더욱 효율적인 대화를 오랫동안 이어 갈 수 있어요.

궁금하신 것들, 어떤 것이든, 물어보세요.
저는 part1에서와 마찬가지로 part2에서도.
다른 사람들 말고 님의 말하기 스타일과 정황에 딱 들어맞는.
궁극의 해결책 또한 지속 가능한 행동 방안을 제시할 겁니다.

쉽게요.
마음이 동하실 때.
다음 수업을 이어 가도록 하겠습니다.

38th

축하드립니다.

패턴을 죽이는 영어 2

Class

지금까지 오신 것을 축하드리고
성실히 학습해 오신 것에 대해 감사드려요.

영어… 그러니까 내 영어. 그러니까. 내가 원하는 한글을 그대로. 그것도 완전 제로(0) 상태에서. 오롯이 님의 힘으로.

한글에는 잘 없는 주어를 정황에 맞게 창조하고.
한글에는 애초에 없는 주어마다 다른 정확한 동사를 말하고.
정황에 맞는 목적어까지 창조하여 말하는 것.
이런 것들 위에, 기본 4개의 공식을 제대로 활용하는 것

자체가 정말 쉽지 않은 건데. 여기까지가 part1.

거기에서 더 나아가. 기본을 지켜 말하는 와중에 4개 양념들까지 덧붙여서. 내가 원하는 대로 다양한 형태의 말하기를 구사할 수 있다는 것. 얼마나 멋진 일인지요. 님… 정말 멋지세요. 지금 계신 지역. 동서남북 최소한 5km 지역 안에서 님이 영어 제일 잘하는 분일 거예요. 적어도 원어민들은 그렇게 생각할 겁니다.
 기본과 양념의 공식을 한 손에, 다른 한 손으로는 제 손…(들이대서 죄송합니다) 꽉 붙잡고 지금 걷는 이 길로 계속 걸어가시면 돼요.

'(버거에) 패티 하나 더 넣어 주세요'

아마도 이제 님은 '한 문장'을 내뱉는 것에 만족하지 않을 거예요. 한글을 말할 때 많은 경우 두 개의 문장을 연달아 말하니까요. 햄버거로 비유하자면, 우리는 이제 고기 패티 1장 들어간 버거로는 배가 안 부른 거죠. (물론 그 버거 하나 더 먹으면 되지만) 패티 2개 들어간 버거를 맛볼 때가 되었습니다.

새로운 공식은 앞으로도 없을 거예요

지금부터 part2가 끝날 때까지 학습하실 것은 님과 제가 '2개 이상의 문장을 연달아 말할 때'에 관한 거예요. 새로운 공식의 등장은 1도 없어요. 기본을 준수한 문장을 2개 이상 연속으로 말하면 됩니다.

그 경우에 '굳이 안 지켜도 큰 문제는 안 되지만' '지켜서 나쁠 거 전혀 없는 원칙' … '법칙'이라고 하지 않았습니다. 지키는 것이 제일 좋지만 그것을 안 지켜도 대화의 정황에 따라 이해가 될 수 있는 '원칙'에 대해 살펴볼 거예요. 아! 그 원칙보다 중요한 것이 있었네요. 이걸 먼저 말씀드려야 되겠어요. 어렵지도 복잡하지도 않아요. 우리는 기본을 아니까.

서로 다른 2개 문장의 연속 영어에서는 딱 2가지 형식뿐

2개의 문장을 연속해서 말하기로 결정하셨다면, 님은 아래의 딱 2가지 형식들 중 하나를 고르시는 거예요.

두 개 연속 영문장의 종류

평서문 (접속사) 평서문 = 최종 평서문.
질 문 (접속사) 평서문 = 최종 질 문?

오해하지 말아 주세요

단독 문장 여러 개를 따로 말하는 상황이라면 위의 공식은 필요 없습니다. 평서문 다음에 질문이 와도 되고. 질문을 말하고 질문을 말해도 돼요. 님 마음입니다. 여기에서 학습하는 것은 접속사를 사이에 두고 두 개의 문장을 연결해서 최종적으로 하나의 문장을 연결해서 말하는 경우예요. 각종 문법책들에서는 '전달문의 형식' 이라고 칭하는 것입니다. 예를 들어 볼게요.

1. 난 이게 맞다고 생각해. 1개의 평서문이죠.
2. 넌 이게 맞다고 생각해? 1개의 질문입니다.

한글로 보기에 각각의 한 문장처럼 보일 수 있지만. 영어의 눈으로 보면 서로 다른 두 문장의 결합이에요. 그러니까 위의 한글 문장을 영작하기 위해서는 그것을 영어의 눈으로 보고, 일단 아래와 같이 한 문장으로 보이는 한글을 본래 2개의 문장인 영어로 전환시켜야 하죠.

1 난 생각해. 이게 맞아.　 : 2개의 평서문입니다.
2 넌 생각해? 이게 맞다. : 1개의 질문/1개의 평서문이고요.

그대로 영작해 볼게요.

1 I think. this is right.
2 Do you think? this is right.

됐죠? 새로운 문장 형식 1도 없습니다. 기본을 계속 붙잡으세요. 이제 각각의 두 문장을 연결… 그러니까 '접속' 시켜 보겠습니다. 영어의 두 문장을 접속시킬 때. 원어민들이 '접속' 시키는 단어를 두 개 문장 중간에 말해요. 그 단어를 우리는 '접속사' 라고 배웠고요.

두 문장을 결합할 때 '해석 방법이 정해져 있지는 않지만 + 말해야 하기 때문에 + 일단은 말하고 보는 접속사 that' 을 활용해 볼게요.

1 I think that this is right. 두 문장이 하나로 접속된 평서문이고요.

2 Do you think that this is right? 두 문장이 하나로 연결된 질문이에요.

제가 만약에 아래와 같이 말한다면… 문법적으로, 일반적으로 그리고 원칙적으로는 옳게 말한 것은 아닙니다.

1 This is right that I think.
2 This is right that do you think?

원어민들은 잠깐 머뭇거렸다가 이해한다는 듯 고개를 끄덕일 거예요. 그리 잘 말한 것이 아니라는 겁니다.

**두 문장 중에서 최종 결론에 해당하는 문장을
일반적으로 먼저 말합니다.**

위의 생각을 하시면 '문장 2개 중에서 어떤 걸 먼저 말하지?' 하는 고민이 조금 풀릴 겁니다. 그런데 가끔. 아래와 같이 말하는 원어민들을 경험하셨을 거예요.

1 This is right, I think.

2 This is right, do you think?

최종 결과를 먼저 말하지 않아도 됩니다. 말.하.기. 상황에서는요. 그러나 최종 결과를 먼저 말하고 구체적인 상황을 뒤로 빼서 말하는 것이 더 일반적이고요, 문서를 작성하는 상황을 생각해도 훨씬 더 좋은 겁니다.

두 문장이 연결되는 형태 사이에 접속사를 말하고 이후에 또 다른 문장을 말해서, 결국 하나의 문장으로 연결시키는 것. 공식으로 다시 풀어볼게요.

최종 결론 평서문(주어1 동사1) + 접속사 + 평서문(주어2 동사2) = 평서문

최종 결론 질문(동사1 주어1) + 접속사 + 평서문(주어2 동사2) = 질 문

이제 앞에서 언급한 시제일치 원칙을 학습할 준비를 마쳤습니다. 시제일치는 **'접속사 앞/뒤에 위치한 동사의 형태에 관한 이야기' 예요.** 새로운 문장 공식 등장은 없습니다. 기본을 꽉 쥐고 있다면, 쉽지 않지만 충분히 이해하실 수 있어요.

39th

시제일치 원칙

패턴을 죽이는 영어 2

Class

긴 말 필요 없이. 바로 앞에서 정리한 공식을 그대로 가지고 와서 사전적으로 정의된 시제일치 원칙을 말씀드릴게요. 시제일치의 원칙은 접속사를 사이에 둔 두 개 문장의 '동사의 형태'에 관한 것입니다.

시제일치 원칙

: 접속사 앞 최종 결론 문장의 동사 시제(현재/과거/미래)가
  접속사 뒤 세부 사항 문장의 동사 시제(현재/과거/미래)를 결정함.

평서문 (주어1 동사1) + 접속사 + 평서문(주어2 동사2)
  ① 현재라면   모든 시제 가능
  ② 미래라면   모든 시제 가능
  ③ 과거라면   과거 시제만 가능

질 문 (동사1 주어1) + 접속사 + 평서문(주어2 동사2)
  ① 현재라면   모든 시제 가능
  ② 미래라면   모든 시제 가능
  ③ 과거라면   과거 시제만 가능

위의 원칙에서. 동사2 에서 활용 가능한 '과거완료'는 과감하게 뺐습니다. (part1에서 정리한 것처럼) 그 해석이 단순과거와 동일하고, 현대 영어 말하기에서 과거완료의 활용을 보기도 어렵기 때문이에요.

새로운 문장 공식은 전혀 없지만, 그래도 '원칙'이라고 하니까 외울 것이 하나 더 생긴 것 같아서. 마음이 무거워질 수도 있는데요. 그 무게를 덜 만한 좋은 소식은 있습니다.

많은 경우, **'시제일치의 원칙 ①번 ②번'** 은 우리가 한글을 말하는 그대로의 시제(현재/과거/미래) 그대로 영작하면 굳이 준수하려고 신경 쓰지 않아도 **대부분 자연스럽게 지켜집니다.** 예문으로 구체적으로 말씀드려 볼게요.

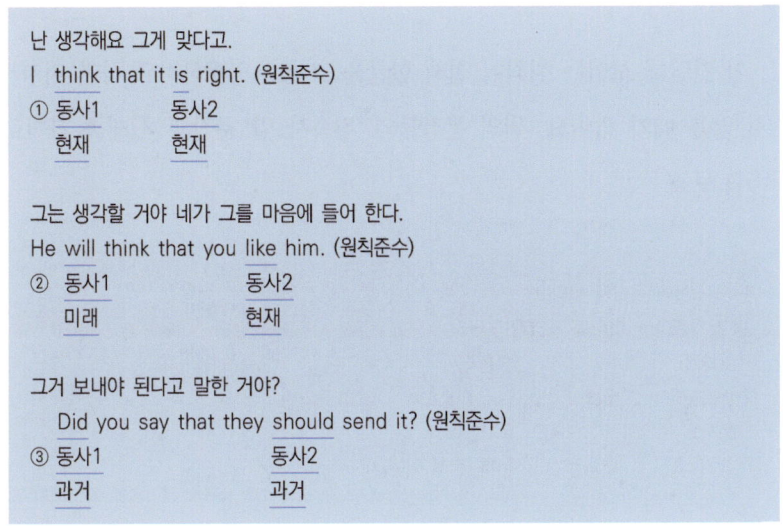

우리가 일반적으로 말하는 한글 그대로 두 개의 문장을 영작하다 보면 **시제일치의 원칙 ①, ②는 자연스럽게 준수됩니다.**

문제는 ③원칙이에요

주어1 동사1 접속사 주어2 동사2
　　　과거 →　　→　　→과거만 가능

이 간단해 보이는 원칙이 실제 한글을 그대로 영작하려고 하면 지켜지지 않을 때가 많아요. 위의 문장들의 '접속사 앞 문장의 시제를 과거로' 바꿔 보죠.

난 생각했어요 그게 맞다고.
난 생각했다 + 접속사 + 그게 맞다
　(과거)　　　　　　　(현재)
I thought　that　it is right.
　동사1　　　　　　동사2
　과거　　　　　　현재 (원칙 어긋남)

한글 상으로는 시제일치 원칙을 무시하고 말해도 문제가 없어 보입니다. 그러나 일반적인 원어민이라면 위의 두 문장의 연결을 들었을 때 아주 잠깐, 문장의 의미를 파악하기 어려워하는 모습을 보여요. 그들에게 쉽게 지켜지는 원칙이 우리의 영어에서 지켜지지 않았기 때문입니다. 위의 문장을 시제일치의 원칙에 맞게 바꿔야 원어민들에게는 (일단은) 자연스러운 것이 돼요. 다음과 같이요.

영어적 : 난 생각했어요 그게 맞았다고.
(한글적 : 난 그게 맞는 줄 알았죠)
I thought that it was right.
　동사1　　　　동사2
　(과거)　　　　(과거) (원칙 준수됨)

영어적 : 그 남자는 생각할 거야 네가 그를 좋아했다고
(한글적: 걔는 네가 걜 좋아한다고 생각할 거야)
He would think that you liked him.
　동사1　　　　　　동사2
　(과거)　　　　　　(과거) 원칙 준수됨

막상 시제일치 원칙이 준수된 영어 문장처럼 한글을 말하면 약간 어색하게 느껴집니다. 아래의 2개의 문장 중 어떤 것이 우리에게 더 자연스레 느껴질까요?

난 그게 맞는 줄 알았어요.　(영어 시제일치 무시)
난 그게 맞았다고 생각했어요. (영어 시제일치 준수)

네. 한글을 더욱 자연스럽게 하는 것은 영어의 시제일치를 무시하는 경우입니다. 시제일치의 원칙을 준수하려는 입장에서 보면 **'내가 말하는 한글 그대로 영작을 하는 것에 걸림돌'** 이 되는 것이 시제일치의 ③원칙이 되는 것이죠.

의미 중심의 한글 공식 중심의 영어

문장의 의미를 중시하는 한글의 입장에서는 시제일치 원칙을 준수하거나 무시하거나 의미의 차이는 비슷해 보입니다. 그런 이유로 분명한 시제는 있지만 시제일치 원칙의 개념은 영어보다 상대적으로 얕죠. 그런데 '공식으로 의미를 전달하는 영어의 입장'에서는, 오랜 세월을 거쳐 만들어진 공식(원칙)은 일단 지켜야 더 좋은 문장이 완성되는 것이죠.

영어의 시제일치의 원칙. 분명히 존재하고 지켜서 말하는 것이 좋습니다. 그런데.

원어민들이 그것을 일부러 혹은 실수로 무시할 때가 있어요

그런 경우가 예전에는 가끔 있었는데, 요즈음 잦아지고 있습니다. 심지어 고지식한 영국의 문법에서도 언제부터인가 (대략 10년 전부터) 본격적으로 또한 공식적으로 시제일치의 원칙을 무시하고 생각을 전달하는 방식에 대해서 다루면서 '그렇게 무시할 수 있다'라고까지 설명하는 모습을 봅니다.

제가 앞에서 이 원칙을 '지켜야 한다.' 가 아니고, 그것을 지키면 **'더 좋다'** 고 말씀드리는 것. 그것을 지키는 것이 **'일단은 맞다'** 고 말씀드린 이유도 여기에 있어요.

시제일치를 지키고 말하는 경우, 그것을 무시하는 경우의 '의미의 차이'에 대해서 먼저 말씀을 드리고 '그 의미를 고려해도 충분히 무시해도 좋은 그 원칙의 퇴화' 그리고 마지막으로 그런 것들을 가능하게 하는 세계적 영어 활용의 패러다임에 관한 말씀드릴게요. 어렵지는 않아요. 아니다. 어려운데요. 위에서 만들어 본 예문을 그대로 활용해서 최대한 쉽게 풀어보겠습니다.

시제일치 준수 : 시제일치 무시
동일한 해석 : 의미 '범위' 차이

앞에서 보신 것처럼. 그것을 지키나 안 지키나. 해석은 동일해요. 심지어 의미도 거의 비슷한데요. 의미의 범위가 달라요. 예문으로 설명드려 볼게요.

시제일치 원칙 준수한 경우

I thought that it was right.

<u>동사1</u>　　<u>동사2</u>
<u>과거</u>　　<u>과거</u>

이 문장을 말하는 사람 생각에.
이 말을 하는 현재 기준.
- 그것이 옳을 수도 있고.
- 그것이 틀릴 수도 있어요.
- 두 개 다 의미 합니다.

그것을 무시해서 말하는 경우

I thought that it is right.

<u>동사1</u>　　<u>동사2</u>
<u>과거</u>　　<u>현재</u>

말하는 사람 생각에
이 말을 하는 현재 기준.
- 그것이 옳고.
- 틀리지 않아요.
- 한 개만 의미합니다.

시제일치 원칙 준수한 경우

He would think that you liked him.

<u>동사1</u>　　　　<u>동사2</u>
<u>과거</u>　　　　<u>과거</u>

말하는 사람 생각에.
이 말을 하는 현재 기준.
- 'he' 는
- 'you' 가 'him' 을 마음에 들어 한다 생각할 수도 있고
- 아닐 수도 있어요.
- 'you' 는 'him' 을 마음에 들어 할 수도 있고
- 아닐 수도 있습니다.
- 두 개 다 의미해요.

그것을 무시해서 말하는 경우
He would think that you like him.
<u>동사1</u>   <u>동사2</u>
<u>과거</u>   <u>현재</u>

말하는 사람 생각에
이 말을 하는 현재 기준
- 'he' 는
- 'you' 가 'him' 을 마음에 들어 한다고 생각할 거고
- 그것만 의미해요
- 'you' 는 'him' 을 마음에 들어 하고
- 그것만 의미합니다.

시제일치 원칙 준수한 경우
Did you say that they should send it?
<u>동사1</u>   <u>동사2</u>
<u>과거</u>   <u>과거</u>

말하는 사람 생각에
이 말을 하는 현재 기준
- 'they' 는 그걸 다음 주에 보내야 할 수도 있고
- 아닐 수도 있고
- 'you' 는 그렇게 말한 것일 수도 있고
- 아닐 수도 있습니다.

그것을 무시해서 말하는 경우
Did you say that they have to send it next week?
<u>동사1</u>   <u>동사2</u>
<u>과거</u>   <u>현재</u>

말하는 사람 생각에
이 말을 하는 현재 기준
- 'they' 난 다음 주에 그것을 보내야 하고
- 그것만 의미합니다.
- 'you' 그렇게 말한 거고
- 그것만 의미해요

몇 가지 예문을 말씀드렸습니다. 제가 결론으로 말씀드리고 싶은 것은… 2가지예요.

> **시제일치 원칙 최신 정보**
>
> 시제일치 원칙 준수
> 지키면 의미의 범위가 넓어집니다.
> 그러나 무시해도 틀린 것은 아니에요.
>
> 왜냐하면
>
> 시제일치 원칙 준수의 기준이
> '실제 벌어진 상황' 이라기보다는
> '그 말을 할 당시의 말하는 사람의 생각'
> 이기 때문입니다.

실제 벌어진 상황에 대해서 화자가 책임을 져야 하는 엄정한 경우라면 시제일치를 지키는 것이 안전할 거예요. 그러나 사람들 간의 대화라는 것이 언제나 그렇지는 않습니다. **우리는 미래를 알 수 없는 존재로서 미래를 생각하고 말하기 때문이죠.**

> 시제일치를 무시하고 말한 경우.
> 그리고 나서 실제 벌어진 상황이 화자의 말과 다른 경우.
> • 엄정한 상황이라면 책임을 지면 되는 것이고.
> • 일반적 상황이라면 수정해서 말을 하면 되는 겁니다.

I thought that it is right. (시제일치 무시하고 나서)

But it was not right. (실제 상황을 보고 수정하면 됨)

He would think that you like him. (시제일치 무시되더라도)

And you like him really. 혹은 but you don't like him now. (상황을 보고 수정하면 됨)

이런 방식으로요. 화자의 생각을 기준으로 하는 시제일치 원칙이기 때문에. 상황과 다를 수 있고. 실제 상황에 맞춰서 화자는 그녀/그의 말을 얼마든지 수정할 수 있다는 것이죠. 그리고 그런 방식으로 많이 말하는 것이 현대의 원어민입니다. 그래서 저의 결론!

> 예측할 수 없는 미래로 가득한 우리의 인생.
> 미래를 예측해도 틀릴 때가 많은 생각의 한계.
> 혹은 그런 것들 때문에라도.
>
> 시제일치 원칙
> - 준수하는 게. 좋습니다. 안전하죠.
>   특히 비지니스 상황에서는 더더욱.
> - 무시해도 괜찮습니다.
>   일반적인 상황이라면 더더욱.

세계 영어

2022년에도 유효하고 앞으로 더욱 편만해질 이 '세계 영어' 라는 영어의 패러다임에 대해 말씀드리기 전에. 그것이 생겨난 2개의 배경을 말씀드려 볼게요. 추정입니다. 그런데 저는 저의 추정을 좀 믿죠….

1. 원어민들은 특별한 경우를 제외하고 최신 영문법을 공부하지 않습니다. **특별한 목적이 없다면 굳이 더** 공부할 필요가 없죠. 공부하지 않아도 어려서부터 체득한 문법으로 영어를 말하기 때문입니다. 그 결과, 우리가 흔히 접하는 영문법 책에 나온 (기본 말고) 부수적인 요소를 지키지 않는 원어민들이 많아집니다.

2. 저와 님 같은. 영어를 모국어로 활용하지 않는 사람들의 수가. 원어민들의 수보다 많죠. 그리고 영어는 세계 공통 언어입니다.

그러다 보니, **'영어를 모국어로 하지 않는 대다수의 민족들의 모국어의 해석에 따라, 영어의 문법을 유동적으로 변경토록 하는 흐름'** 이 세계적으로 자연스럽게 생겨나게 됩니다. 그것이 world english (세계 영어) 라는 패러다임이에요.

과거, 영어를 제2 언어로 학습하는 사람들이, 그들의 모국어를, 정통 영어에 끼워 맞추는 방식으로 영어를 학습했다면. 몇 년 전부터 지금까지. 영어를 우리의 모국어에 맞게 활용하는 방식으로 바뀌는 것입니다. 제가 봐도 제 말이 좀 어려운데. 한 마디로 말하자면.

> 좋은 영어를 판단하는 기준이 변하는 것.
>
> 특정 상황에서 '특정 원어민' 이
> 어떻게 말하는가
> …에서.
>
> 모든 상황에서 '원어민이 아닌 내가'
> 뭐라고 말하고 싶은가
> …로의
>
> 영어 활용과 교수 방향의 변화.

그것이 있다는 것이죠. 그것이 한국의 영어 교육과 활용에 잘 안 보이는 것 같습니다. 네. 교육이라는 것이 쉽게 변하지 않는 것 같아요. 영어를 말하는 것에 있어서는 원어민 교사 채용이 더 많이 됐으면 하는 바람이 있습니다. 초등교육 때부터요. 아무튼.

접속사를 본격적으로 학습하기 전에. '시제일치 원칙' 에 대해서 길게 말씀드렸고 '세계 영어' 라는 현대의 영어 말하기의 흐름에 대한 말씀을 드린 거예요. 제가 말이 많았어요. 그런데 이 두 가지가 앞으로의 2번의 수업에 걸친 접속사의 수업을 더 빠르게 이해하시는 데 도움을 줄 겁니다. 앞으로 학습하실 접속사의 활용을 더욱 원어민처럼 만들 거고요.

이전까지 배운 문장을 구성하는 요소들… 굉장히 많죠. 제일 중요한 일반동사, 보조동사 그리고 be동사. 단순과거에 포함되는 개념인 완료 그리고 이제 원하시면 적절히 사용할 수 있는 양념들 : 간접의문문, 정해진 뜻이 없는 to부정사, 요즘 유행하는 ing … 생각보다 별거 아닌 관계대명사까지. 그리고 형용사의 변화에 관한 비교급 활용, 각각의 것들의 활용에 관한 원어민의 실제적인 활용 모습과 그와 관련된 저의 생각들까지도

이제 더 정확히 말할 수 있고, 잘 말하시니까 이전보다 더 잘 들리기도 할 거예요. 원어민은 우리가 학습한 요소를 벗어나서 영어를 하는 일이 거의 없으니까요.

님은. 진짜. 영어. 하시는 거예요. 잘 안 될 때도 있을 것이고, 틀릴 때도 있죠, 당연히. 근데 '어떻게 바로 잡아야 하는지…' 그 방법 또한 아시는 거잖아요. 그러므로 스스로 고쳐서 말하면 되고, 그렇게 원어민의 길을 가시면 됩니다. 가끔 틀리더라도 우리는 스스로 수정할 거고 그만큼 성장할 겁니다. 가끔 하기 싫어도… 하기 싫으면 하지 마세요… 쉬었다 가시는 걸로.

40th

뒤 문장의 해석을 바꾸는 접속사 1

패턴을 죽이는 영어 2

Class

Part1, 2를 통해 지금까지 우리가 한 것들은. 이 세상에 존재하는 모든 단독 문장의 모든 형태를 말하는 공식을 살펴본 거예요.

앞으로 2개 이상의 문장들을 님이 원하는 대로 합치는 모습들을 살펴보고, 원하시는 대로 그런 방법을 활용해 보려고 해요. 이전 수업에서 학습한 '시제일치의 원칙'은 그 경우에 필요한 것입니다. **2개 이상의 문장들을 '접속' 시키는** 방법에 대한 것이니까 당연히 **'접속사'** 를 제대로 알 필요가 있습니다.

접속사
= 등위 접속사 혹은 종속 접속사

처음 들어 보시는 이름은 아닐 거예요. 어디엔가 갖고 계신 다른 문법책에는 이 내용이 '등위 접속사/종속 접속사' 라는 것으로 나뉘어져 있을 겁니다. 모조리 한자로 보이는 등위 접속사와 종속 접속사라고 하는, 이러한 명칭이 이해하기 어려워서, 저는 나름 두 가지의 이름으로 바꾸는 편입니다.

등위 접속사 :
'그 뒤' 의 문장의 해석을 바꾸지 않는 접속사

종속 접속사 :
'그 뒤' 의 문장의 해석을 바꾸는 접속사

저는 등위 접속사를 따로 교수하는 것에 님의 소중한 시간을 쓰기 않기로 결정했어요. 왜냐하면 이미 아실 거라서. 많이 들어서 본능적으로 아시거나 혹은 학습을 따로 하셨거나. 예를 들면 이런 거예요.

> **대표적인 등위 접속사**
> : and 그리고, or 혹은/아니면,
>   so 그래서, therefore 그러므로,
>   but 그러나, however 하지만,
>   nevertheless 그럼에도 (불구하고) 등등

약간 생소한 것들이 있을 수도 있는데. and. but. or. so …와 같은 간단한 것들은 이미 어디선가 들으셔서 혹은 개인 학습을 통해서 알고 계시잖아요?! 바로 그것들을 원어민들이 제일 많이 활용합니다. 더 많은 등위 접속사들을 굳이 학습할 필요가 있는가… 하는 것이죠.

기본을 지켜서 문장을 앞, 뒤에 만드시고, 한글을 말하는 방식 그대로 만드신 문장 앞, 뒤에 적절히 활용하시면 돼요. 등위 접속사를 활용하신다면 (일반적으로) 시제일치 원칙은 필요하지도 않습니다. 연락 주시면 그것들에 관한 더욱 원어민스러운 접근법에 대해서도 말씀드릴 거고요. 몇 가지 사항만 말씀드리고 넘어가겠습니다.

- 등위 접속사에 특수한 용법이 있는 것 아니고요.
- 특정한 경우에 특정한 등위 접속사를 활용해야 한다는 생각…
  원어민들이 굳이 하지 않아요.

'그 뒤에 나오는 문장의 해석을 바꾸는 접속사들'

제일 중요한 건! **기본을 준수해서 성공적으로 만들어진 2개의 문장**이 있는 거예요. 그 성공이 있고 나서 접속사의 활용도 생각해 볼 수가 있는 것입니다. 그 와중에 종속 접속사는 그 두 개의 문장 사이에 위치하면서 **'그 뒤'에 나오는 문장의 해석을 바꿔요.** 도식화하면 대략 아래와 같은 모습이겠네요.

접속사가 활용되는 문장의 기본 구조

주어1 + 동사1   접속사   주어2 + 동사2
(평서문/질문 가능)   (오직 평서문)

기본해석 :
주어2가 동사2 한다고 (접속사에 따라 해석 바뀜)
주어1이 동사1 합니다./하나요?

종속 접속사가 그 '뒤'에 나온 문장의 해석을 바꾼다··· 를 굳이 강조하는 이유는 있어요.

한글의 접속사는 대부분 그 '앞' 에 등장하는 문장의 해석을 바꿔요

간단한 예문 하나 볼까요? 내가 너를 좋아하기 '때문에'. 주어가 동사하기 '때문에' : 종속 접속사 because 를 활용해서 한글 그대로 영작해 볼게요. because 가 그 앞에 나오는 문장을 바꾼다면 결국 형태가 아래와 같을 겁니다.

내가 너를 좋아하기 때문에
I   like   you   because….

회의가   시작하기   전에
The meeting begins before.

그리고 저 문장은 원어민에게… 각각 '내가 너를 좋아해. 왜냐면…', '회의가 시작합니다. …. 전에' 로 해석됩니다. 우리가 의도한 것과는 다르죠. 의도한대로 말하고 싶다면 **종속 접속사를 먼저 말하고 그것이 해석의 모양을 바꿀 문장을 뒤에서 말해야** 해요.

Because   I like you….
종속 접속사 뒤 문장
: 때문에… 내가 너를 좋아한다.
→ 내가 너를 좋아하니까….

Before   the meeting begins….

종속 접속사 뒤 문장

: 전에 … 회의가 시작하기

→ 회의가 시작하기 전에….

무슨 말씀드리는지 아시겠죠?! 종속 접속사는 그 '뒤' 에 나오는 문장의 해석을 바꾸는 것들입니다. '별로 안 헷갈리는데?!' 하시다가도, 막상 영어를 즉석으로 말해야 할 때가 되면, 뒤 문장의 해석을 바꾸는 그것들을, 문장을 다 말하고 난 뒤에 말하는 실수할 때가 있을 거예요. 그것은 정상입니다. 이제 그런 것들에 대해 하나씩 알아보아요. 가장 많이 쓰이는 것부터 차근차근.

That 주어 동사

그 뜻이… 뭐가 딱히 없어요. 굳이 가장 대표적인 해석을 꼽자면.

주어1 + 동사1 that 주어2 + 동사2
: 주어2가 동사2한다고 주어1이 동사1한다.
: 주어2가 동사2한다고 주어1이 동사1하나요?

이 정도로만 정리해도 충분히 좋을 겁니다. 수많은 동사들이 적용되는 것이니까요. 이것들 외에도 접속사 that은 '화자의 의도'에 따라 다양하게 해석될 수는 있습니다. 완성된 두 문장 사이에 이것을 넣으면 님이 의도하는 거의 모든 해석의 연결을 that이 알아서 만들어 준다고 보셔도 틀리지는 않아요. 그런 의미에서 저는 그걸 만능 접속사라고도 부릅니다.

어떤 원어민이 두 개의 문장을 연달아 말했다. 그런데 그 두 문장 사이에 접속사가 없다…면! 그 문장들 사이에 접속사 that 이 생략되어 있을 확률이 높습니다.

He said that he liked her.
그가 말했다 그가 좋아한다고 그녀를.
→ 걔가 그 여자애 좋아한다고 하더라고.

I think that it is right.
난 생각한다. 그게 옳다고.
→ 저는 그게 옳다고 생각합니다.

Are you here
that you think that you can help me?
너 여기 있는 거야. 네가 생각해서. 네가 날 도울 수 있다고?
→ 네가 도움을 줄 수 있을 것 같아서 여기 있는 거야?

종속 접속사 that 뒤에는 이 세상 존재하는 모든 평서문이 나올 수 있어요. 학습을 이어 갈수록 성공적인 문장이 중요하다는 생각하시기 바라요. 적절한 주어와 정확한 동사를 활용해서 현재 과거 미래 긍정 부정의 문장을 만들 수 없다면, 앞으로 학습할 종속 접속사들의 학습도 큰 의미가 없습니다. 그걸 가능하게 하는 것은 공식입니다.

접속사 that 패죽염 생각

솔직히 이게 제 생각은 아니고요. 문법이 그렇습니다.

종속 접속사 that 은 많은 경우에 말하기에서는 자주 생략돼요. 생략해야 된다/생략해야 더 원어민스럽다… 는 거 아닙니다. 원어민들의 말하기에서 자주 생략된다는 말씀드리는 거예요. 그들은 왜 생략했을까요? 모르겠습니다. 그걸 말하기가 귀찮을 때가 있나 보죠. 원어민이니까.

저는 보통 붙여서 말하는 편이에요. 님께도 그것을 생략하지 않기를 추천드립니다. 두 가지 유익이 있다고 보는데요.

- 한 단어라도 더 말했으니. 일단 청자에게 문장이 조금 더 격식 있어 보입니다.

- that … 을 말하면서라도. 우리 입장에서 그 다음 문장을 생각할 시간을 벌 수 있어요.

일상과 비지니스 상황에서의 다양한 두 개 이상 문장의 연속. 님의 입에서 실제로 나오는 문장에 접속사 that 을 활용해 보세요. 궁금하신 건 물어보시고요. 다음 접속사로 가 볼까요?

When 주어 동사

공식 : 주어1 동사1 when 주어2 동사2
해석 : 주어1이 동사1한다. 주어2가 동사2할 때
　　　주어1이 동사1하나요? 주어2가 동사2할 때

일단 when 주어 동사… 다양하게 만들어 보고 해석 방식을 살펴보죠. 금방 이해하실 거예요.

I am not here.
나 없다 여기에

When I am not here.
내가 여기 없을 때

I got there.
난 도착했다 거기에

When I got there.
내가 거기 도착했을 때

I do this.
내가 한다 이거

When I do this.
내가 이거 할 때

He can do this.
그 남자 할 수 있어 이거.

When he can do this.
그 남자가 이거 할 수 있을 때

I didn't do this.
나 이거 안 했다

When I did not do this.
내가 이거 안 했을 때.

두 문장을 합쳐 볼까요?

Can you help him when I am not here?
그 남자를 도와줄 수 있나요? 내가 여기 없을 때.
→ 나 없을 때 그 남자를 도와주시겠어요?

He was not here when I got there.
그는 여기에 없었어요, 내가 거기 도착했을 때
→ 제가 거기 도착하니까 그 사람 없더라고요.

I don't talk a lot when I do this.
제가 얘기를 많이 안 해요 내가 이거 할 때
→ 내가 이거 할 때는 말을 잘 안 하는 편이에요.

I will do this when I can do this.
내가 이거 할게 너에게 내가 (이것을) 할 수 있을 때
→ 할 수 있을 때, 할게.

He would ask for this this when I didn't do this.
그 남자는 그걸 요청하더라고요 내가 이거를 안 했을 때
→ 그거 안 했을 때, 그걸 요청하더라고요.

님의 입에서 실제로 나오는 문장들을, 기본 안에서 마음대로 영작해 보시고 두 문장들 사이에 when을 넣어 보세요. 쓸모 있을 겁니다. 궁금하신 것들 물어봐 주시면 되고요. 다음으로 활용도가 높은데… 좀 더 알 필요가 있는 접속사를 알아보겠습니다.

If 주어 동사

이미 알고 계시는 해석을 먼저 적어 보겠습니다.

if 주어 + 동사
 (현재 과거 미래/긍정 부정 다 포함)

해석 : '만약에' 주어가 동사한다면…

우리 입장에서는 '쓸모가 많겠군…' 생각할 수도 있습니다. 버스 오면, 물 끓으면, 이거 다 끝내시면… 등등. '주어 동작하면…' 이라는 말을 우리가 많이 하니까요. 그런데, if 주어 동사… 알고 보면, 원어민보다 우리가 더 많이 활용하는 경향이 있습니다.

위의 해석에서 **'만약에'**… 이것이 중요해요. 화자 생각에 '만.약.에.' (= 일반적으로 주어가 동작하지 않을 거지만… 만에 하나라도/혹시라도) 주어가 동사한다면… 이것이 원어민의 if 해석 방식입니다. 결과적으로 **우리**

가 한글을 말하는 방식 그대로 그것을 활용한다면, 그 if 의 활용이 원어민 보기에 이상할 수도 있다는 거죠. 예를 들어 보겠습니다.

If water boils, you can put the noodle.
(물을 웬만해서 끓지 않을 거야. 하지만)
만약에… 물이 끓는다면…. 면을 넣으면 돼….

용기에 물을 담고 그 아래 불을 켠 이상, 물은 일단 끓게 되어 있잖아요?!
If … 그다지 적절치 않습니다. 만약에… 라는 해석이 불필요한 당연히 발생할 결과이니까요.

비지니스 상황으로 옮겨 가 볼까요? 사업상 외국에서 어떤 사람을 초청한다고 가정하겠습니다. 몇 달 전부터 일정을 잡고, 계획이 성사되고 행사 이틀 전, 그 사람이 미국에서 대한민국행 비행기를 타려고 공항에서 대기 중입니다. 이제 한국에 있는 우리가 그 사람에게 메시지를 보냅니다.

우리 : (늘상 하던 대로) Good evening. (뭐라 뭐라 말하고 나서)
If you arrive at the airport, you give us a call…
(그럴 일이 없겠지만) '만약에' 공항에 도착하시면 전화를 주셔요.
I hope you have a great flight to korea….
한국까지의 좋은 여행되시기 바랍니다.

메시지를 읽는 방문객의 기분이 어떨까요? 일정을 취소할 정도의 마음 상할 문제는 아니지만, 초대 받은 원어민 입장에서 일단은 불편한 느낌을 받을 겁니다. (지금까지의 일정대로 한국행 비행기를 타려고 대기 중인 사람에게) '혹시라도 + 만약에 공항에 도착하시면, 연락주세요…' 라고 말하는 것.

우리가 if 를 뭔가 부족하게 배운 것 같습니다. 한글을 말하듯 단순히 '주어가 동사하면…' 을 말할 때마다 그걸 활용하는 것이 외국인의 활용과 잘 안 맞아요.

최근에 와서는 크게 문제 되지 않아요

2000년대에 들어서 영어 회화에서 if는 그 속에 '만약에' 라는 개념이 많이 퇴색되었어요. 요즘에는 ('만약에' 라는 개념 없이) '일정대로/순리대로 주어가 동사하면' 의 의미로 if를 말하는 원어민들도 있습니다. 단어 속의 개념을 굳이 안 따지는 '세계 영어' 의 흐름에 있다고 봐도 좋을 거예요.

그렇다고 해서 이제 그런 것을 '구분 없이 쓸 수 있다.' 라고 말하기에는, 우리의 if 활용이 그들의 활용보다 지나치게 많다는 것이 저의 생각입니다.

최신 문법에 부합되면서 제가 경험한 더 좋은 방식은, 앞에서 학습한 when 과 구분하여 활용하시는 거예요. 아래와 같이 구분하면 좋을 겁니다.

> 정해진 대로/예정대로/계획대로
> 주어가 동사하면…
> 'when 주어 동사…'
>
> 행여라도/(그럴 가능성이 적지만) 만약에
> 주어가 동사하면…
> 'if 주어 동사…'

우리가 반복적인 일상을 살아가지만, 한 시간 앞의 일을 내다볼 수 없다는 측면에서 보면 if …는 유용할 겁니다. 그런 일들을 자주 다루는 영화 제목에도 많이 활용되는 것처럼요. 그럼에도 세상에는 여전히 자연적이고 정상적이고 일정에 맞는 일들도 많이 있으므로 when 의 활용도 많겠지요. 몇 개 예문 만들어 볼까요?

My everything is yours but 'if' you go to somebody else, I will take both.
나의 모든 것은 너의 것이야. 그러나. 만약에 네가 그 밖에 누군가에게 간다면…
난 그 둘 다 가져갈 거야.

Can you help me if you have time?
(바쁘신 거 아는데) 혹 시간 되실 때, 도와주실 수 있나요?

If you were me, you would do the same.
(그럴 일 없겠지만) 만약에 네가 나였다면… 넌 똑같이 했을 거야.

다양한 예문 만들어 보시고, 저에게도 알려 주시고 궁금한 거 물어봐 주세요.

41th

뒤 문장의 해석을 바꾸는 접속사 2

패턴을 죽이는 영어 2

Class

뒤 문장의 해석을 바꾸는 접속사, 두 번째 시간입니다. 귀에서 피가 나도록 말씀드리는 것처럼. 그것의 활용보다 10배 중요한 것은 '적절한 주어 뒤에 정확한 동사'. 님이 원하는 문장을 접속사 뒤에 만드는 거예요. 그것은 패턴으로 되는 것이 아니라 공식으로 되는 것이고요.

'무슨 접속사를 써야 되지…' 고민하시다가.
접속사를 결정하고 말하고 나서
정작 '내가 (그 뒤에) 뭔 말 하려고 했지?!'
접속사 뒤에 말하려고 했던 영어 문장을 잊어버리는 현상.

한국인인 우리에게는 자주 일어날 수밖에 없죠. 그런 현상이 너무 자주 발생한다면. 차라리 + 일단은 접속사에 대한 생각을 내려놓으세요. 정말 중요한 '적절한 주어 + 정확한 동사를 말함' 에 집중하시다 보면, 그것보다 훨씬 덜 중요한 접속사는 자연스레 님을 따라올 겁니다. 계속 이어 가볼까요?!

although 주어 동사

이와 비슷한 though 라는 단어도 이미 아시거나 들어 보셨을 거예요. although 주어 + 동사, though + 주어 + 동사, 큰 차이 없이 동일한 해석을 갖고 혼용될 수 있습니다. 차이를 두자면 although 가 가진 철자의 수가 몇 개 더 있어서 청자에게 조금 더 격식 있게 들린다… 정도예요.

> although 주어 + 동사
> though 주어 + 동사
>
> 해석 : (비록) 주어가 동사 하더라도

Although/though it rained a lot,
비가 많이 왔지만,
we enjoyed our holiday.
우리는 즐겼다 우리의 휴일을

It is powerful
그건 강력하다.
though/although it looks weak
비록 그것이 약해 보이더라도

님의 상황에 맞는 다양한 문장을 만들어 보시고 저에게도 알려 주세요. 더 정확하게 활용하시도록 도와드릴게요.

though 독립적 쓰임

　원어민의 문장을 심혈을 기울여 들으시거나, 외국 영화의 자막들을 유심히 보시다 보면, 문장(질문/평서문)을 다 만들고 나서 마침 마침표나 물음표 찍듯이 '더우/더(우)' 라고 말하는 것… 들어 보신 적 있을 거예요. 말끝의 힘을 빼며 내려가는 소리… 그 소리는 아마 though 였을 겁니다.

　앞에서 학습한 바로는 접속사 though 뒤에 또 다른 문장이 나와야 하는데, 이 경우는 그와 다르게 though 를 말하면서 해당 문장을 마무리한 겁니다. 무슨 일이 발생한 걸까요?

> 문장 (주로 평서문)…. though…
> 　　　　　　　　　(말끝을 흐리며)

　이 경우 though의 해석이 어찌 되는지 궁금했던 저의 기숙사 옆 방 살던 친구는, 주방 아주머니께 그 뜻을 물어봤더랬어요.

　친구 : 더우…가 뭐예요? What is 'though'…?

　그 질문을 들은 주방 아주머니는 '딱히 뭐라 할 해석이 없는 듯' 고민 중이셨고, 주변의 원어민 학생들이 다가와서 아줌마의 고민에 이것저것 자기가 아는 것을 말해 줬는데, 그들의 답을 요약하자면 이렇습니다.

아줌마 : 니네들(그 친구와 저) 이 뭔가 뭔가 말하잖아, 그걸 말하고 나서~ 그 뒤에 though 라고 말하면 '모… 근데, 그래도…' 이런 거 붙이는 거… 그치?

학생1 : 상황에 따라 그러나, 하지만, 모 그런 뜻이 돼… 그게… 그런 거?!

학생2 : 그렇더라도, 그렇긴 하지…하긴, you know 그런 거?

우리 : Ah…o…ok (속으로 : 딱히 뭐라 할 해석이 없나 보네.)

이후, 그런 식으로 활용된 though 의 해석을 개인적인 활용과 원어민의 실제 쓰임 그리고 영화나 드라마 그리고 소설이나 에세이 등에서의 활용을 종합하고 나서, '이렇게 해석하면 여러 가지 상황에서 거의 다 통하겠군…' 결론에 도달했는데요. 아래와 같아요.

> **주어 + 동사 … though (문장 마무리)**
>
> '주어가 동사'
> 1. '하긴 하지 모…. 하긴 모…'
> 2. '하긴 모…. 주어가 동사하기는 하지…'
>   (체념하는 어조/대충 정리하는 느낌)

지금 하시는 그 생각이 맞아요. '대화체' 에서 주로 쓰이게 되겠죠?! 체념하듯, 혹은 딱히 정해지지 않은 경우에 대해 얼버무리듯 말하고 싶을 때. 저런 종류의 해석으로 한글을 마무리하고자 할 때, 활용할 수 있는 겁니다. 2년 전 어느 병원에서 근무하시던 회원분이 직접 만드신 예문을 드려 볼게요.

She is pretty, **though.**
하긴 그녀는 이쁘니까 모…

저는 그렇게 말씀하신 정황을 알고 싶었죠. 회원분이 말씀하시기를,

회원분 : 새로운 직원이 왔는데, 그 애가 일이 서투른데, 좀 이쁘거든여. 걔가 온 다음에 저희 부서에 타 부서 사람들이 되게 잘해 주는 거예요~ 모… '이쁘니깐 모…' (다들 잘 해주겠지?!)

이런 상황에서 비슷한 느낌의 말을 하신다면, 님도 그렇게 활용하시면 됩니다. 다른 영단어가 그런 것처럼, 이 단어 또한 지나치게 많이 활용하시는 것은 대화 당사자들을 좀 지치게 하는 것일 수도 있겠습니다.

이런 방식의 다양한 예문을 만들어 보세요. 정확한 문장을 만드셨다면 모든 경우에 붙일 수 있는 것이 though 입니다. 크게 말씀하실 필요는 없어요. 작게 말을 흐리듯 말하면 충분합니다. 다음 접속사로 넘어가 볼까요? 아… 좀 쉴까요?

In spite of the fact that 주어 + 동사
despite the fact that 주어 + 동사

위의 접속사를 보기 전에, 'the fact that 주어 동사' 가 빠진 형태, in spite of…, despite…를 먼저 말씀드리는 게 이해하시는데 도움이 될 겁니다. 그것의 확장형이라고 볼 수 있기 때문이에요.

In spite of + 명사 : 명사에도 불구하고
Despite   + 명사 : 명사에도 불구하고

'Of the fact that 주어 동사' 가 빠진 상태에서의 그것들은, 뒤에 '명사' 가 나오는 '전치사' 인 거예요. 간단한 예문 만들어 볼까요?

In spite of their popularity : 그들의 인기(이름/명사), they enjoy going out in public and dating.
직역 : 그들의 인기에도 불구하고, 그들은 즐긴다 공공연히 나가는 것을 그리고 데이트하는 것을.
의역 : 사람들의 시선에도 불구하고 그들은 야외 데이트를 즐긴다.

근데 그 '명사(사람/사물 이름)' 자리에 'the fact' 라는 사물의 이름이 나와서. 결과적으로 아래와 같은 접속사가 완성된 것. 우리가 보려고 하는 게 그겁니다. (영어는 정말 공식 안에서 빼고 더하는 산수인 것 같아요.) 아래와 같은 형식입니다.

In spite of the fact that they are popular and people see them… : 그들이 인기 있고 사람들이 그들을 **본다는 사실에도** 불구하고 (주어 동사 : 문장) (이하동일)

공식으로 정리하자면 아래와 같겠네요.

in spite of the fact that 주어 동사…
despite   the fact that 주어 동사…
: 주어가 동사 한다는 사실에도 불구하고…

예문 바로 만들어 볼게요.

He came to visit you in spite of the fact that he was busy working.
그가 왔어요 당신을 방문하려고 그가 일하면서 바쁘단 사실에도 불구하고.

Is she still here despite the fact that her son is in the hospital?
그녀가 아직 여기 있나요? 그녀의 아들이 병원에 있음에도?

만들고 보니, 문장들이 너무 억지스럽네요. 님이 더 잘 만드실 듯요. 주어가 동사한다는 사실에도 불구하고… 의 문장을 제가 자주 말하지 않나

봅니다. 핑계일 수도 있지만. '주어가 동사함에도 불구하고…' 이런 식의 한글 문장을 우리가 실제로 잘 안 말하지 않나요?

이런저런 문장 만들어 보시고 궁금하신 것 물어보시면 되겠습니다.

in case 주어 동사

영어를 좋아하시는 분들 중 이 접속사를 즐겨 쓰시는 분들 많이 있었습니다. 좋은 것이고요. 멋집니다. 그렇게 만들어지는 문장들의 해석에 대해서 '주어가 동사하는 경우에…' 라는 해석으로 알고 활용하고 계신 경우가 많았어요. 그것을 더욱 원어민스럽게, 사용하길 원한다면 다음의 해석으로 발전시켜 활용하시는 것이 좋습니다.

> in case 주어 + 동사
> : 주어가 동사하는 경우에
>   + '대비해서'

'… 대비해서…' 별 거 아닌 듯 보일 수 있는데, 이 해석까지 포함해서 알아 두고 말하는 것이 훨씬 원어민스럽고도 한글에도 더 잘 어울려요. 예문으로 설명드리자면.

I will bring an umbrella in case it is raining in the afternoon.

1) 낮에 비가 올 경우에…. 우산 가져갈게.
2) 낮에 비가 올 경우에 대비해서, 우산 가져갈게….

2)의 문장이 우리가 본래 의도한 한글에 가깝지 않나요? 아닌가요….

Will be here in case you need me.
1) 난 여기 있을게, 네가 나를 필요로 하는 경우에,
2) 여기 있을게 네가 나를 필요로 하는 경우에 대비해서

2)의 문장이 화자가 의도한 것이고, 청자에게 감동이 될 겁니다.

'주어가 동사하는 경우에 …' 라고만 해석되는 것이 겉으로 보기에 자연스럽지만. 막상 활용하고 나면 뭔가 부족합니다. 더욱 자연스럽게, 무엇보다도 원어민스럽게 활용하기 위해 '주어가 동사하는 경우에 대비해서' 정도로 늘려서 해석하시고 활용하세요.

just in case
: 혹시 모르니까/혹시 몰라서

제가 관용적 표현의 활용을 개인적으로 안 좋아해요. 그래서 잘 교수하지 않고, 그러므로 저도 가능한 활용하지 않으려고 합니다. 그런데 이 (3단어로 이루어진 + 그 뒤에 딱히 문장을 말하지 않아도 되는 = 단독으로 활용 가능한) 표현이 워낙 많이 활용되고, 알아 두시면 유용한 것이라 말씀드려요. 그냥… 문장 앞, 뒤에 붙여서. 위와 같은 해석을 추가하는 경우입니다. 그 뒤에 문장이 나올 수도 있어요. 그러나 그냥. 단독으로 쓰이는 경우가 많습니다.

You can take my umbrella just in case.
내 우산 가져가면 되겠네, 혹시 모르니까.

I sent my email address, just in case.
혹시 몰라서 제 이메일 주소 보내 드렸어요.

다양한 예문들을 님의 상황에 맞게 만들어 보시고 저에게도 알려 주세요. 그 뒤에 문장을 말하는 예도 보여 드릴 수 있을 겁니다. 정작 중요한 것은 그 앞에 성공적으로 완성된 문장이라는 거… 기억하고 계시죠? … 잔소리 그만하고 바로 다음 접속사로 가겠습니다.

unless 주어 동사

unless 주어 + 동사
: 주어가 동사하지 '않.으.면'…

저한테는 이 활용이 여전히 헷갈려요. 그래서 잘 안 말하는 편인데. 몰라서 좋을 것은 없고. 분명 원어민들이 필요한 경우에 활용하는 것이기 때문에 '알아는 듣자' 는 차원에서 말씀드려요. 많은 경우/제가 경험한 바로는 unless 뒤에는 not이 들어간 부정문이 잘 나오지 않습니다. 나오면 안 된다는 것은 아니에요. 원하시면 그렇게 말하면 됩니다. 예문으로 하나 볼까요?

We will have to start it over **unless** we are ready.
다시 시작해야 할 거예요 우리가 준비 되지 않았다면.

아래와 같이. unless 뒤에 부정문이 올 수도 있습니다.

Unless you are **not** ready that means you can start it over.
당신이 준비 **안 된 것이 아니라면,** 그건 다시 시작하실 수 있다는 뜻이죠.

다만 그것을 활용할 때는 주의할 필요는 있겠죠. unless 뒤에 부정문을 말하지 않아도, 그 자체로 부정문의 해석을 전달하게 되는 거니까요.

그런 주의를 굳이 기울이지 않고도, 오히려 더 원어민처럼 말하는 방법은 있죠. **if + 부정문**… (주어가 동사하지 않으면) 을 말하는 겁니다.

unless 주어 동사, if 주어 + not 이 들어간 부정문… 둘 중 아무거나 말해도 되는 이유는 뭘까요. 네. 해석이 동일하기 때문이에요.

We will have to start it over unless we are ready.
We will have to start it over if we are 'not' ready.
= 두 문장의 해석이 동일합니다.

그럼에도 unless 는 유용해요 가끔

원어민은 이 접속사를 주어가 동사하지 '않으면' 을 강조할 때. 가끔 활용합니다. 그런 경우 문장에서 'unless' 에 힘을 주어 말하는 것이 보통이죠. 우리도 그렇게 말하면 됩니다.

We will have to start it over **unless**(힘주기) we are ready

그럼에도 unless 안 말해도 됩니다

unless 를 쓰지 않은 상황에서 주어가 동사하지 '않.으.면' 을 강조하는 방법은 뭘까요? 부정문에서의 not 을 강조해서 말하면 됩니다.

We will have to start it over if we are **'not'**(힘주기) ready.

원어민이 unless 를 쓸 때는 약하게라도 그것을 강조하는 모습 (속도를 늦춘다든가, 볼륨이 올려 말한다든가 어느 제스쳐를 취한다든가 하는…) 을 볼 수 있을 거예요. 님의 말하기에도 그런 반전을 만들어 내면서 멋지게 활용하세요. 도와드릴게요. 그런데 활용 안 하는 방법은 있다는 거 기억하시면 더 좋아요.

as long as 주어 동사

옛날 사람인 저는 as long as 하면 어느 최신 팝송이 생각나요.

I don't care who you are… where you are from **as long as** you love me.

'난 상관하지 않아요. 님이 누구건. 어디에서부터 있는 건지… 당신이 나를 사랑하는 한…' 사랑의 노래… 남들 다하는 것 같은 연애… 저한테는 왜 이렇게 어려운 걸까요? 저는 눈도 높고 능력도 없는데… 왜 일까요.

이 노래의 가사가 귀에 감기고 심지어 멜로디와 함께 들린다면, 님은 삼십대 후반이나 사십대의 어디 즈음… 계신 건가요? 반갑고요. 인생의 남은 절반… 패턴을 죽이는 영어로 더 많은 시간 제대로 즐기시기 바라며. 해석 방법 보겠습니다.

> **as long as 주어 + 동사**
> : 주어가 동사하는 한
> : 주어가 동사하기만 한다면

이 접속사를 알긴 하지만, 솔직히 활용한 기억이 별로 없네요. 그걸 말할 일이 저에게 별로 없었기 때문이겠죠. 한글로 '주어가 동사하는 한/주어가 동사하기만 한다면야…' 이런 종류의 말들… 내 입에서 나올 때/필요로 하실 때 활용하시면 됩니다. 예문 2개만 만들어 보고 마무리할게요. 활용하실 일이 많다면 적극적으로 활용해 보시고 궁금한 것들 물어봐 주세요.

We can protect your finance as long as you continue to follow these conditions.
귀하의 재정을 보호해 드릴 수 있습니다. 귀하가 이 조건들을 계속해서 따라 주시는 한.

They cannot find it as long as it is here.
그들은 그걸 발견할 수 없어요. 그게 여기 있는 한…

while 주어 동사

이거 많이 아시는 거 같아요. 이 단어의 음가… 그러니까 '와일' 이라는 소리가 한국인의 입에 잘 맞다고나 할까요. 접속사 while, 정황에 따라 두 가지 해석으로 활용하실 수 있어요. 원어민에게는 두 해석이 동시에 다가옵니다.

> **while 주어 동사**
>
> 주어가 동사하는 동안(에)
> 주어가 동사하는 반면(에)

I finished this while you were out.
제가 끝냈어요 이것을 당신이 밖에 있는 동안.

What did you do while we did this?
무엇을 했나요 (당신은) 우리가 이것을 하는 동안?

I will be writing it down while you are talking about the issue.
내가 그걸 받아 적을게요 여러분이 그 이슈에 관해 대화하는 동안.

She loves hamburgers while he is into korean food.
그녀는 햄버거를 좋아한다 그 남자가 한식에 빠져 있는 반면.

이 접속사에 관한 다양한 예문들 만들어 보시고 저에게도 알려 주세요. 더 정확하고 멋지게 활용하도록 도와드릴게요.

가장 핫한 접속사 as

이전 수업에서 **접속사 that**의 거의 전능(almost-almighty)함에 대해 말씀드렸죠. 그러나 그것은 보통 앞뒤 문장의 **'원인과 결과'**에 관한 해석으로 제한될 때가 많아요.

접속사로 쓰인 that 외에, 그리고 when 과 if 만큼이나, 어쩌면 (사용자에 따라서) 그것들보다 더 많이 많이 쓰이는 접속사가 무엇일까… 저는 지금도 자신 있게 as 라고 말할 거예요. 해석이 다양하기 때문입니다. 알아 두시고 활용하시면 쓸모가 많을 거예요.

접속사 as 전에
전치사 as 먼저

너무나도 잘 알고 계신 '전치사로서의 as' 와 지금 보는 접속사로서의 그것을 구분할 필요가 있는 것 같아요. 우리가 공교육을 통해 전치사로서의 그것을 잘, 그러니까 지나치게 잘 주입받은 것 같아서요.

그 뒤에 '이름' 이 나오는 전치사로서의 as

as 이름
해석 : 이름으로(서)

이거… 아시죠?! 알고 계신 그게 맞습니다. 많이들 알고 계시기 때문에 저는 교수하지 않으려고요. 잘 주입된 결과, 우리가 흔히 알고 있는 as 는 전치사로서의 as 가 되었습니다.

생각해 보실 만한 거는, 우리가 실제 '…로서' 라는 한글을 그렇게 많이 말하는가… 하는 겁니다. 저는 (필요한 경우를 제외하고) 아니라고 생각해요. 많이 쓰인다고 배웠기 때문에 우리 입에 잘 붙는 것일 수도 있고, '…로서' 와 '에즈(as)' 이 두 개의 소리가 비슷해서 잘 암기한 것일 수도 있습니다. 원하시면 활용하세요. 어떤 문법도 필요 없습니다. 그냥 'as + 모든 명사'. 이게 다예요.

그 해석 방식을 알고 보면, '접속사 as' 의 쓰임이 훨씬 많다는 저의 생각에 동의하실 겁니다. 우리가 그런 경우에 대해 (전치사만큼은) 배우지 않은 것 같고, 지금의 꼬맹이분들도 마찬가지일 거라 추측합니다. 교육이란 것이. 변하기가 쉽지 않은 사회 영역이니까. 접속사로서의 as. 최신의 해석 방식들을 한꺼번에 보겠습니다.

as 주어 동사

as 주어 + 동사

주어가 동사할 때 (두 가지 상황 동시 발생의 경우)
주어가 동사하기 때문에
주어가 동사하면서(도)
주어가 동사하는 것처럼

이렇게 4가지의 해석으로 알아 두시면 원어민처럼 활용하기에 충분합니다. 예문 하나만 정해서 as를 끼워 넣어서 다양한 활용을 볼게요.

She will be doing it as I do this.
이 문장이 청자에게는 아래와 같이 다양하게 그리고 한 번에 해석될 수 있는 거예요.

그녀는 할 거야 그거를

    내가 이거 할 때.

    내가 이거 하니깐.

    내가 이거 하면서.

    내가 이거 하는 것처럼.

4가지 해석을 다시 한 번 들여다보세요. 우리 입에서 자주 나오는 말들이죠. 그 다양한 해석을 접속사 1개로 말할 수 있다 보니, 말하기 상황에서 as 가 많이 활용될 수밖에 없는 것이죠. **'영단어가 뭐라고 한글로 해석되느냐' 하는 것이 얼마나 중요한 건지 모르겠어요.** 사용하실수록 as 의 유용함을 실감하실 겁니다. 다양한 문장 만들어 보시고 저에게도 나눠 주시면 감사하겠어요.

접속사 정규 수업 여기까지만 할게요

영어 세계에 이것들 말고도, 다른 접속사들이 있죠. 잘 아시는 before, after 와 같은 것들은 수업에서 뺐어요. 따로 전화로 물어보셔도 충분히 설명드릴 수 있는 것들이니까요. 물론 이미 알고 계신 것들이 있을 거고요. 알아 두시면 좋은 것들 위주로 정리해 보았습니다.

이곳저곳에서 발견하시게 될 다른 접속사들 (제가 모르는 게 있을 수도 있는데…) 다양하게 활용하시면서 궁금하신 것들 물어봐 주세요. 저는 이제 두 번의 수업으로 나눠 살펴본 '뒤 문장을 바꾸는 접속사들 = 종속 접속사' 의 활용에 대한, 말하기 강사로서의 저의 생각을 나누겠습니다.

42th

종속 접속사, 특정 상황에, 반드시 말해야 하는 걸까…

패턴을 죽이는 영어 2

Class

아래와 같이 딱 정리할게요.

> **종속 접속사**
>
> - 원하시면 쓰세요. 근데.
> - 말하지 않아도 좋아요.
> - 반드시 사용해야 하는 때… 그런 경우.
> - 말하기에는 없습니다.

그것의 활용에 관한 저의 추천 방식. 그것도 아래와 같이 정리하겠습니다.

> **추천드리는 활용 방식**
>
> : 말하기에서 가끔은
>   접속사를 '과감히' 삭제해 보세요.

이런 추천을 드리는 이유는, 오히려 그것을 말하지 않았을 때 얻게 되는 유익이 있기 때문입니다. 3가지로 정리하는 편인데요.

> **종속 접속사 '안 말해서' 얻는 유익**
>
> - 그 헷갈리는 시제일치의 원칙에서 자유로울 수 있어요.
> - 실제 말하기에 더 가까운 영어 활용이 가능할 수 있습니다.
> - (그것을 말했을 때와는 기대하기 어려운)
>   반전과 재미를 대화 상대에게 주기도 합니다.

접속사는 두 문장의 연결에서 반드시 있어야 하는 요소가 아니에요. 원어민스럽게 접속사를 활용하는 가장 좋은 방법은 '님이 그것들을 쓰고 싶을 때 말하는 것' 입니다. 앞에서 우리가 (솔직히 제 마음대로) 만들어 본 접속사가 들어간 문장에서 그것을 빼 보고요. 위의 3가지 유익을 님의 것으로 만들 수 있음을 말씀드릴게요. 오래 걸리지 않을 겁니다.

Although it rained a lot, we enjoyed our holiday.
비가 많이 왔지만/왔더라도 우리는 즐겼다 우리의 휴일을

이 문장에서 although 를 빼 볼게요.

It rained a lot. we enjoyed our holiday.
비가 왔지…　　우린 휴일을 즐겼어.

두 사람이 대화를 나눈다고 생각해 보세요.

사람1 : 거기에 놀러 갔었는데, 비가 오는 거야.
　　　　비가 오긴 했는데/했더라도' (접속사 although 활용)
　　　　(뭔가 더 말하려고 하는데)

사람2 : 좋았구나?!

사람1 : 응

이 대화가 한글에서 '종속 접속사'를 말했을 때 흔히 벌어지는 현상이라고 생각합니다. 사람2는 **사람1이 활용한 종속 접속사를 듣고 그 다음에 할 말을 어느 정도 추측할 수 있습니다.** 사람2가 '비가 오는 와중에 거기 가서 좋은 시간 보냈구나' 라고 생각할 수 있었던 이유는 사람1이 '비가 오긴 했는데 그래도…(although)' 와 같은 접속사를 말했기 때문이에요.

다음 대화를 보세요.

사람1 : 우리가 어디어디 갔었어. 비가 오는 거야~~

사람2 : 아… 그럼 …계획대로는 잘 안 됐… (머뭇거림)
 (좀 휴일을 즐기기는 좀 어려웠겠네…라고 말하려고 하는데)

사람1 : 진짜 좋았어!

사람2 : 오…어떻게?!

이 대화는, 접속사를 쓰지 않고 대화를 했을 때 생길 수 있는 대화의 방향입니다. 영어 문장에서는 두 번째 문장을 시작하면서 although/though 를 뺀 상황인 거죠. **사람2의 예상이 빗나가면서 대화 전체적인**

긴장이 올라간 이유는 사람1이 말하기에서 although 를 빼고 말했기 때문입니다.

접속사를 배워서 필요할 때 정확하게 활용하실 수 있기를 바라요. 좋습니다. 좋은 건데. **접속사의 정확한 활용은 자주 '상대방이 내가 어떤 말을 할 것인지를 쉽게 예상할 수 있게 합니다'.** 그런 말하기 좋죠. 나의 의사를 접속사를 활용해서 논리적으로 전달하는 것 혹은 그런 상대의 말을 듣고 그녀/그가 다음에 할 말을 예상하도록 하는 것… 좋죠.

어쩌면 '논리 정연한 문장' 혹은 '누구나 쉽게 예상할 수 있는 말' 을 하도록 한글에서와 같이 영어에서도 접속사의 활용을 중요시한 것일 수 있습니다. 나쁘지 않습니다. **영어를 학습하는 목적이 작문, 그러니까 그것도 '비지니스 작문' 에 제한되어 있다면 종속 접속사의 정확한 활용은 영어 실력 향상에 중요할 겁니다.**

그런데 그것을 배우는 최종 결과가 '내가 말하는 한글을 영어로 자유롭게 말하기 위해서' 라면 접속사는 영어 실력 향상에 필수 요소는 아닌 경우가 많습니다. 한글을 말할 때도 접속사를 빼고 말할 때가 많기 때문이죠.

가끔은 그 접속사의 활용을 과감히 빼 보세요. 그것을 빼고 말하면 상대방이 우리가 말하는 다음 내용을 미리 짐작하기가 쉽지 않게 돼요. 제 보기에 그런 말하기는 우리의 말하기에 소소한 반전을 주고, 지나치지 않다면 (적절한 장소에 정확한 접속사를 활용한) 전에 없던 재미를 주게 됩니다.

어떻게 생각하시나요? 무엇보다 님 마음대로 활용해 보시고, 삭제도 해보세요. 무엇보다 님이 원하시는 방식으로 사용하도록 도와드릴게요.

제가 말이 많았습니다. 피곤하시죠?! 저도 그렇습니다. 쉬어야죠.

43th

상대의 말에 반응하는 방법
추임새/리액션

패턴을 죽이는 영어 2

Class

지금까지 우리가 학습한 것들은 내가 하고픈 말을 어떻게 영어로 할 것인가… 에 관한 것들이에요. 근데 우리가 '나 하고픈 말만 하고 빠지는 사람' 이 되려고 하지는 않을 거예요.

우리는 내 말과 상대의 말이 적절히 오가는 대화를 영어로 하고 싶은 겁니다. 그러므로 나뿐만 아니라, **'상대가 원하는 말을 더 많이 하도록 하는 요소들'** 이 필요하게 돼요. 말하는 나처럼, 상대도 대화할 맛이 나도록 하는 것들을 가끔 말할 필요가 있다는 겁니다.

이 수업에서는 일단 '내가 상대의 말을 잘 듣고 있다는 신호'를 말하는 방법을 익혀서, 상대는 물론이고 내 기분도 더 좋게 하는 것을 익혀 볼 거예요. 바로. 추임새. 원어민의 말에 대한 리액션입니다.

추임새

상대의 말에 대한 반응을 제대로 그리고 적절히 하는 것은 '내가 너의 말을 잘 듣고 있다.' 는 증거가 되기 때문에 우리가 영어로 상대방과 진심 어린 대화를 하기 원한다면, 그것의 활용이 중요하다고 생각합니다.

님은 보통 어떤 원어민이 영어로 뭐라뭐라 … 했을 때 '아… 그래요?'

라고 말하고 싶다면, 뭐라고 하세요? 혹시 really? … 아닌가요? 원어민이 뭐라고 말하면, 그 말의 이해 여부에 관계없이 의식적으로 혹은 무의적으로 나오는 그 단어 really.

정말!? 진짜!?
아… 진짜?!

상대의 말에 정말(really?) 이라고 답하는 것. 엄밀히 말하면 상대방이 한 말이 사실인지 혹은 거짓인지의 여부를 (나도 모르게) 물어보는 것이죠. 생각해 보세요.

우리끼리 한글로 얘기할 때도, 상대가 내가 말하는 것에 대해서 계속 '정말?! 진짜?!' 라는 추임새로만 일관한다면, 어느 순간엔가 "진짜지 그럼 가짜냐?!" 라는 등의 말을 하면서 짜증 낼 때가 있죠. 심지어 내 말이 다 끝나지도 않았는데 "진짜, 아…. 진짜로~?!" 이런 것을 습관처럼 말하는 사람들을 볼 때면 '지금 내 얘기를 잘 듣고 있는 건가…' 하는 생각이 들 때도 있고요. 제대로 된 소통을 위해서는 뭔가 다른 것이 필요하다는 겁니다.

원어민도 그렇게 생각해요. 그들도 사람이고, 대화의 길이에 관계없이, 말이 제대로 오고 가는, 마음도 오고 가는 제대로 된 대화하기 원합니다. 그래서 저는 아래의 방식을 추천해요.

그 really
쓰지 않기로 결정해 보세요!

정말 필요 없다는 것이 아닙니다. 다만 저 단어가, 수많은 세월 동안, 여러 가지 이유로, 이미 우리 입에 착 붙어서. '원어민이 무슨 말만 하면' really 로 일관하게 되는 습관이 있는 것 같아요. 그래서 그것을 안 쓰기로 결심하면, 그때서야 그것을 지나치지 않게 + 적절하게 활용될 것이라는 게 저의 생각입니다. really 와 헤어질 결심이라도 하자는 것이죠.

그래도 really가
really 좋으시다면…

그럼에도 really… 를 고수하시겠다면 가끔 "real?" ('뤼얼') 이라고 해 보세요. 해석은 비슷하지만 상대에게 전해지는 느낌이 달라요. 'really?' 가 '진짜?' 라면 'Real?' 은 '징짜?' 정도에요. really 에 귀여움을 더한 느낌 정도 전달할 수 있겠습니다.

진짜 추임새 활용의 유익

진짜 추임새 활용의 유익

1.
그것을 말하는 우리 기분이 굉장히 좋아짐.
나의 듣기 실력이 향상의 증거이기 때문입니다.
제대로 듣지 않고서 진짜 추임새를 말할 수는 없어요.

2.
나와 대화하는 상대로 하여금,
더욱 대화할 맛을 나게 함.
잘 들어 주는 사람과 더 이야기하고 싶은 게 사람이니까요.

3.
생각지 못한 때에 좋은 일이 생길 수도 있음. (마치 '보험')
사람들은 그녀/그의 이야기를 잘 들어 주는 사람을 기억하고.
사람에 대한 좋은 기억은
가끔 + 생각지 못한 때에
좋은 보상이 되어 돌아오기도 하죠.

이제부터가 진짜 추임새예요. 지금부터 우리가 학습할 것은 저것들과는 차원이 다른 것입니다. 영어 1도 몰라도 할 수 있는 저런 단어의 발설 말고요. 법대로 영어를 말하는 분들만 말할 수 진짜 추임새를 배우는 겁니다. 그리고 그 방법은 **'문장으로 반응'** 하는 거예요. 새로운 문장의 공식… 전혀 없으니 걱정 안 하셔도 됩니다.

진짜 추임새의 법

part2의 끝이 보이는 시점에서 알려 드리는 추임새조차도 기본이고 공식이에요. 아래와 같습니다.

> 상대의 말　：be동사 문장이라면…
> 나의 추임새：be동사 + 적절한 주어?
>
> 상대의 말　：일반동사 문장일 때는…
> 나의 추임새：do/does/did + 적절한 주어?
>
> 상대의 말　：조동사 문장이라면…
> 나의 추임새：조동사 + 모든 주어?
>
> 상대의 말　：완료 문장일 때는
> 나의 추임새：have/has/had + 적절한 주어?
>
> 대표 해석 방식：'주어가 동사하는 거예요?'

예를 들어 볼까요?

상대 : He came here yesterday.
님 : Did he?

상대 : She will come today.
님 : Will she?

상대 : I have visited here.
님 : Have you?

상대 : It is rainy.
님 : Is it?

쉬워 보이지는 않지만, 진짜 추임새가 결국에는 무엇인지… **님은 법으로 영어를 하시는 분이기 때문에 금방 이해하실 겁니다.**

추임새만 떼어 놓고 보면 따로 외워야 하는 표현으로 보일 수도 있지만, 10초만 가만히 들여다보면 뭔가 보실 거예요. 네. 그게 맞습니다. 외국인들이 실제로 말하는 추임새는 part1에서 학습하신 **일반동사/조동사/be동사/현재완료…의 질문의 공식이에요.**

서론이 그리 길고 본론이 이렇게 짧게 끝날 줄… 저도 몰랐는데요. 제가 그만큼 중요하다고 생각했나 봐요. 제대로 된 문장으로 추임새를 하셔서, 'really 시절'에는 없었던 소소하지만 확실한 유익을 얻으시기 바라요. 결국 기본을 지켜서 '동사+주어?'. 이 두 단어로 마치게 되는 건데…이게 쉽지가 않아요. 잘 들어야 하니까… 듣기에 대해서는 '패죽영 생각'에서 자세히 다루고 있으니 거기서 함께 생각해 보고요.

추임새 : Do you think?!

원어민이, 상대의 말에 대해서 'Do you think?' 라고 말하는 거, 들으신 적 있나요? 그렇다면 그것은 '(너는) 그렇게 생각해?' 라고 말하는 것을 들으신 겁니다. 비교적 많이 쓰이고, 추임새처럼 쓸 수 있고, 기본에 따라 다양하게 변화될 수 있는 유용한 '문장' 이라서 말씀드려 봅니다. 기본을 지키신다면 아래의 추임새도 완전히 가능하겠지요.

Do you think?
넌 그렇게 생각하니?

Did you think?
그렇게 생각한 거야?

Does she/he think?
그녀/그는 그렇게 생각해?

Do they think?
그들은 그렇게 생각하나요?

추임새에서도 기본은 모든 것이 됩니다.

궁금하신 것, 언제든지(는 솔직히 아니고), 물어봐 주세요. 저는 준비된 상태에서 기다리고 있습니다.

44th

욕

패턴을 죽이는 영어 2

Class

Part2
마지막 수업…

'욕'을 배우네요. 욕… 많이 하세요? 마음속으로는 하더라도, 욕이란 게 실제로는 입 밖으로 잘 안 나오지는 않죠. 수업 시간에 그걸 배울 만큼 우리가 욕을 입에 달고 사는 사람들은 아닐 겁니다. 그럼에도 불구하고 욕 나오는 상황이 있잖아요. 최근 2년 쉽지 않았고, 많은 전문가들이 사회적으로 욕 나오도록 어려운 상황들이 장기간 전개될 것이라고 말하듯이. 이겨 내 보아요. 아니…이길 필요도 없이. 어디에서 무엇을 하시건 거기서 행복을 찾으시기를 바랍니다.

아무튼 거국적인 상황이 아니더라도 '착한 나'를 나쁜 새끼/년으로 만드는 사소한 사건들이 일상에서 발생합니다. 난데없이 깜빡이 안 키고 차선 변경해서 내 쪽으로 들어오는 분들은, 저에게는 더 이상 '분들'이 아닙니다. 'ㄱㅅㄲ'죠.

이걸 굳이 수업에까지 넣은 이유

영어라는 거. 제대로 공부하려고 하면 재미가 없어요. 얼마나 재미가 없는지요.

재미있을 수도 있습니다. 포털 사이트에 검색하면 그냥 나오는 표현/패턴을 굳이, 특정 강사가 알려 주는 표현. 이라면서 앞뒤 안 가리고 외워서. 써.먹.고. 조금 있다가 까먹는 얄팍한 정보 습득을 원하는 분들에게는. 쏠쏠할 수 있죠.

그러나 원어민이 칭찬하는 영어를 하기 위한 님과 제가 걷는 이 여정은 본래 길고 지루합니다. 근데 그 지루한 사이사이 욕을 쓰면 피곤한 그 길을 걷는 중에 간혹 청량감을 줄 수 있을 거예요.

저에게 영어로 욕하는 방법을 알고 싶다고 하신 최초의 회원분은 욕스런 것과는 거리가 먼 천사의 모습을 하신 간호사셨어요. 그 이후로 제가 경험한 그리고 원어민들이 실제로 쓰는 것들을 위주로 '욕'을 수업의 콘텐츠로 정리하게 되었죠.

검색하면 나오는, 한 번 말하고 마는, 그런 걸 말씀드리는 거 아닙니다. 그런 거라면 애초에 수업에 넣지 않았을 거예요. 이미 아시는 욕들을 '문장에 녹여서' 하는 진정한 욕. 말하는 우리 마음도 시원하고, 듣는 이의 마음을 확실히 불쾌하게 만드는, 친근한 사이에서 벌어지는 대화의 윤활유 역할을 하는 것에 그걸 활용하시는 분이 될 겁니다. 좋은 것이죠. 세 부분으로 나누어서 말씀을 드리려고 하는데요. 첫 번째는….

영어 욕에 대한 오해

적지 않은 분들이, 영어에도 다양한 욕이 있다고 생각하세요. 있겠죠. 언어니까요. 그런데 실제로 사용되는 영어에 집중하는 제가 보기에는 딱히 그렇지 않습니다.

보통 사람들이 '욕의 종류'로 받아들이는 말들은 정해져 있죠. 그 이하의 것도 이상의 것도 있겠지만, 가장 일반적이면서도 상대로 하여금 극강의 충격을 주는 것은 정해져 있죠. 저한테는 아래와 같습니다.

1. 시발…
2. 존나 (=졸라)…

예문을 몇 개 보겠습니다.

시발 존나 열 받네.
시발 니 모라 했어?
존나 (=졸라) 좋다.

부산 분들의 욕 활용이 아주 다양하다고 들었습니다. 정말 화가 난 상태를 기준으로, 아래와 같이 말한다고 예를 들어 볼게요. (부산 말투가 맞는지 모르겠네요. 아니라면 죄송합니다.)

'눈깔을 확 파서 주둥아리에 쳐 넣어 불라'…

이 문장을 영어로 말하고자 하신다면 아래와 같이 영작해야 하고요. 그 영작이 가능하게 하는 것은 '기본' 에 맞춘 '공식' 입니다.

I might take your eye-ball out and (I would) put them into your mouth…and….

적절한 주어 뒤에 정확한 동사가 나와서 문장으로 말을 해 줘야 합니다. 특정한 욕으로 사용되는 단어가 있다?! 원어민들은 그렇게 생각하지 않을 겁니다. 그보다는 화자가 말하기 원하는 욕스런 문장들이 있는 것이고, 그 상스런 문장들을 말할 때에도 '기본을 준수' 해서 말하면 그 해석상 '욕' 을 하는 것이 되는 것이죠.

제가 드리고 싶은 말씀은 원어민들은 우리의 생각보다 굉장히 제한된 개수의 욕을 쓴다는 것입니다. 한글을 말하는 우리처럼요.

문장 안에서 말해야 제맛

성공적으로 만들어진 문장 속에서 활용되는 욕이야 말로 화자의 의도를 살리고, 청자에게 그 의도를 확실히 전달하는 도구로 활용될 수 있습니다.

일단 강도가 약한 욕?! 이라고 하기도 뭐한 착한 것들부터 센 것까지, 그것들의 의미와 활용법에 대해 알려 드리고요. 연습으로 님이 저에게, 제가 님에게 욕을 해 보겠습니다. 농담이고요. 지금부터 살펴볼 문장 속에서의 욕의 위치는 '일반적으로' 아래와 같습니다.

일반적인 '욕' 위치

1. 일반동사 바로 앞.
2. 조동사/be동사 바로 뒤.
3. 의문사 바로 뒤

실제 말하기에서 이 위치에 욕을 해야 된다… 라는 건 없어요. 한글이 그런 것처럼. 그러나 일반적인 위치는 있다는 것이죠. 지금부터 그 타격감이 약한 (해석 때문에) 것부터 살펴보겠습니다.

In the world/on earth

해석 : 세상에/(도)대체
용도 : (일반적으로) 질문

욕이기보다는 일반적으로 부정적 현상에 대해 놀라는 오래된 감탄사급으로 이해하시면 되겠습니다. 저는 50세 이상 되신 분들이 점잖게 놀라는 모습에서 주로 보는 편이에요.

What in the world is this?
이거 도대체 뭐죠?

Why on earth did you say so?
대체 왜 그렇게 말씀하신 거예요~?

Who in the world would do such a thing?
세상에 누가 그런 일을 했겠어요?

the heck

해석 : 이런/제기랄
용도 : 주로 질문

욕이라고 할 수 있을까요? 착한 것도 아니고 못되게 만드는 것도 아닌 중간계의 단어라고 보시면 맞아요. 일반적으로 원어민들에게 '좋은 단어' 라고 불릴 정도입니다.

What the heck?!
이게…무슨…

What the heck did you say?
니미럴… 님… 뭐라고 말했어요?

이 정도 강도입니다. 저에게 heck 은, 욕 같은 거 전혀 안 할 거 같은 교회 오빠 이미지를 가진 남자가 '나 순딩이 아니야…' 라는 인상을 주기 위해 쓸 수 있는 표현인 거 같아요. 욕도 아닌 것이, 살짝 느낌만 주고 싶어서. 적절하게 쓰면 '어, 그런 말도 해요?!' (인간적이야…) 반응을 보이며 중간계의 매력을 보여 줄 수 있습니다. 그런 태도 개인적으로 안 좋아해요. 욕 하려면 제대로 해야죠.

The hell

해석 : 시 + (약한)
용도 : 주로 질문

여기서부터 소위 '좀 치는' 센 욕의 범주에 속합니다. 들어 보셨을 거예요. 주로 전쟁 영화나 다른 그런 종류의 긴박한 상황에서의 질문에서. the fuck 보다 약하지만, 거의 그만한 타격감을 가지는 단어입니다.

Where the hell did you go?
너 쉬바… 어디 갔었어?

What the hell is this…?
ㅅ바 이거 뭐냐?

What the hell should I do now?
이제 ㅅㅂ 뭘 해야 되는 거야?

계속해서 보고 계시죠?! 문장 없이 욕만 하면 단순한 욕쟁이밖에 안 됩니다. 문장 안에서 욕을 해야 … 진정한 욕쟁이가 될 수 있어요. 문장을 만드는 것은 '기본의 준수' 입니다.

The fuck

해석 : 시발
용도 : 주로 질문

이 단어의 발음을 '약하게' 하거나 입술을 모아서 이쁘게 '뽁' 이런다고 욕이 귀여워 보이는 것은 아니에요. 오히려 비슷한 음가를 가진 fork(지역 주민)로 잘못 전달될 수도 있어요. 욕을 하시려면 제대로 발음하시는 것이 이쁘고 귀엽습니다.

What the fuck are you saying?
시바 뭐라는 거야?

Who the fuck should I go for help?
시바 누구한테 도움을 청하러 가야 되는 거지?

What the fuck was I to you?
내가 너한테 시발 뭐였던 거야?

The fucking

해석 : the fuck 과 동일
용도 : 주로 평서문

교수하다 보니, 평서문에서 쓰이는 욕이 별로 없네요. 제가 경험한 욕들이 이 정도라서 그런가 봐요. 근데 실제로도 평서문에서 사용되는 욕다운 욕이 그리 많지 않을 겁니다. 앞에서 학습한 다른 욕들을 평서문에 사용하셔도 돼요. 제가 들어 본 '평서문에서의 욕 다운 욕' 은 일단 이겁니다.

I am not the fucking stupid.
시바 내가 바보가 아니잖아~

I did not the fucking do this.
내가 이거 안 했다고 시바~

I can not the fucking stand it.
쉬바 난 못 참겠다…

다시 한 번 더 정중히 강조 드리고 싶은 것은, 욕을 아무리 기깔나는 발음으로 말한다 해도 앞, 뒤에 성공적으로 문장이 만들어지지 않으면, 욕 듣는다는 겁니다. 공식을 지켜야 문장이 되고, 그 안에서 욕을 말해야 그것을 말하는 님의 마음도 시원하고, 듣는 상대도 기분이 더러워질 거예요. 대화의 목적을 달성한다는 면에서 좋다는 것이죠. 비즈니스 문서에 사용하게 된다면 어떤 일이 벌어질까요. … 감당하기 어려운 엄청난 일이 벌어지겠죠….

생각편

패턴을 죽이는 영어 2

❶ 패죽영 생각
사 춘 기

과도기… 라고 하는 것이 더 좋을 것 같아요. 굳이 영어가 아니더라도, 어떤 기술에 있어 그것의 소위 '경지' 에 이르기까지는 '잘하지도, 못하는 것도 아닌 어설픈 시기' 가 있습니다. 그리고 그 과도기는 보통 성실한 분들에게 찾아오고요. 불성실한 분들은 그것을 경험도 못 합니다. 그 전에 관두니까요.

정말 제대로 영어 하려고 하시는 분들 (패턴을 개나 줘 버리고) 법대로 영어 하기 위해 고군분투하시는 분들. 그런 분들 누구에게도, 언젠가는 이 과도기가 찾아와요. 우리가 '하아… 왜 이렇게 안 되지…' 하고 고민하는 시점입니다. 정말 왜 그럴까요… 님이 성실하시기 때문이에요. 계속하세요. 제가 도와드릴게요. 그 기간에 나타나는 현상을 좀 구체적으로 풀어 보려고 합니다.

영어의 과도기 정의

영어의 과도기
영문장의 법칙대로 한글을 말하는 현상이 지속되는 기간… = 내 한글이 영어 같은 + 내 영어가 한글 같은 = 모호한 기간

솔직히 저는, 님의 한글이 저렇게 이상해졌으면 좋겠다… 하는 생각을 매일해요. 법대로 영어를 하는 것을 알고 + 그것대로 말하기 위해 복습하시고 + 실제 활용을 위해 생각을 많이 하다 보면 = 잘 될 때도 있고/안 될 때가 많을 텐데. 그 노력을 하다보면, 자연스레 나의 한글이 어설프게 영어 문장의 모양을 갖게 되는 시간들이 있게 될 겁니다. 헷갈리는 거죠. 혹은 생각과 다르게 말이 나온다던가 하는 그런 모습들. 한글을 본래 쓰는 나와 영어를 말하려는 나와의 충돌.

그 충돌… 님이 꼭 겪기를 너무나도 바라는 **영어화**입니다.
(englishization…이 단어를 제가 처음 고안한 것이라 생각했는데 검색하니까 나오더라고요.)

나의 생활을 전혀 모르는 몇몇 강사들이 툭툭 던져 주는 '남들이. 공통적으로 말하는 표현' 들을 달달 외워서. 내 생각과는 관계없이. 남의 생각대로 나의 말을 하는 것으로 만족하는 분들에게 이 과도기는 찾아오지 않습니다. 심하게 말하면 그런 분들은 과도기를 겪을 자격이 부족합니다.

그와는 반대로, 한글로 20년 이상을 살아왔지만 지금부터 원어민처럼 영어를 하고자 하는 분들, 내가 하는 모든 말을, 내 마음대로 + 암기 없이 + 자유롭게 하고 싶은 분들이 영어화를 경험하게 됩니다. 그리고 그것은 진정… 쉽지 않은 과정이에요.

사춘기 시절, 나 자신과 세상에 관해 비정상적인 세계관이 자리 잡으면, 성인이 되어서 그것을 바로 잡기가 쉽지 않은 것처럼… 그 쉽지 않은 영어의 사춘기에서 우리의 영어관이 '패턴/표현 위주'로 잡히면 나중에 제대로 된 영어가 고루한 것처럼 보이고 심지어 잘못된 것으로 보이게 돼요.

내가 원하는 인생을 살아가기 원하는 젊은 분들의 개성이라는 것이. 결국. 유명인들의 개성을 따라가는 것으로 결론 지어지는 것이 우리 보기에 별로라면. 내가 원하는 말을 영어로 하고 싶어 하는 우리가, 누군가가 다 만들어 준 유명한 패턴만으로 우리의 영어를 하려고 태도에 대해서도 비슷한 생각을 하실 수 있을 겁니다. 저의 마음을 어느 정도 감 잡으셨으리라 생각해요.

우리는 지금 '내가 원하는 말을 + 내가 원하는 방식으로' 말하려고 이 노력을 하는 것이고, 그런 이유로 나이와는 관계없이 영어 사춘기를 보내고 있는 겁니다. 이 시기에 들어오신 것을 축하드리고, 그걸 경험하고 계시는 님을 응원해요!

영어 사춘기 잘 겪어 내는 좋은 방법

영어의 롤 모델을 고르세요.

개인의 삶의 방식에는 공통점만큼 차이가 있죠. '이 사람처럼 영어를 말하고 싶다' 하는 생각이 들게 하는 '목표 인물'을 선정하세요. 외국인이면 좋을 것이고, 무명인보다는 유명인이 좋을 겁니다. 범죄인은 별로일 거고요. 이와 같이 추천드리는 이유는 그와 같은 사람들의 말하는 모습을 동영상으로 접하기가 쉽기 때문입니다. 누구를 고를지 고민되시나요? 저에게 지금 전화를 주시고 님의 삶의 모습에 대해 알려 주세요. 더 잘 고르도록 도와드릴게요.

그녀/그를 따라 하세요

나만의 롤 모델을 골랐다면… 이제 핸드폰으로 인터넷에 접속하세요. 그 사람의 이름을 영어로 검색하세요. 이름과 함께 그 옆에 interview, 그러니까 '사람 이름 interview' 혹은 '사람 이름 talk' 로 검색하는 것을 추천드려요. 가장 상단에 올라온 동영상을 클릭하세요.

자막은 버튼을 눌러서 자막을 보세요. 반드시! 자막을 따라 말하기를 시작하세요. 같은 스피드로 따라가는 건 애초에 말이 안 되는 것이죠. 따라 말하는 거니까. 선두 선수를 바짝 뒤쫓는 상대 선수처럼, 따라가면서 따라 말하세요. 네 소위 말하는 쉐도잉(shadowing)입니다.

내 눈과 귀에
영어가 들어가고 나올 수밖에 없는 환경을
여기저기에 만들어 놓으세요

영어로 생각하고 말하는 습관을 들이라… 이 얘기 많이 들어 보셨죠. 그리고 우리가 많이 들은 만큼 그것을 꾸준히 하지 않고요. 교육용 영상에서 접하는 비범한 사람들의 평범하지 않은 노력들… 저는 현실적으로 발생 불가능한 현실이라고 생각하는 편입니다. '주작 아니야' 라는 생각이 들 정도로. '100명 중 3명이 성공했으니 97명도 같은 방식으로 성공할 거라는 생각'… 글쎄요. 제 보기엔 억지 같습니다. 그런 것을 추천드리는 것 아니고요. 저는 현실적으로.

> 내가 자주 가는 곳에
> 롤 모델이 등장하는 영상들을 잔잔하게 틀어 놓고
> 자주 보고/자주 들으시면서/따라 말하시면서
> 영어 스트레스를 제대로 받으세요.

이 말씀드리고 싶습니다. 일단 이렇게 여기저기서 영어 관련한 것들이 보이고 들리도록 하면서, 내가 나에게 '나 영어하는 사람이다/그거 해야 하는 사람이다' 라고 강제적으로 알려 주는 것이죠. 그런 방식의 노력을 하시다 보면, 바쁘고 피곤한 와중에 10분이라도 진중하게 나의 롤 모델을 따라 하고자 하는 마음이 들 거예요.

잠에서 깬 12시간 동안, 한글로만 생각하고 그것만 말하는데. 그중 10

분 동안 진중하게 영어를 공부하고 싶은 마음이 그렇게 해도 안 드신다면… 자문해 보셔야 해요. '난 영어를 솔직히 필요로 하지 않는 거 아닌가?' 진정으로 영어를 잘하고 싶다면… 하루 30분에서 1시간은 영어로 가득 찬 진중한 시간으로 채울 필요가 있습니다. 위의 과정은 그런 진중한 시간을 위한 준비 시간이 될 거예요. 그리고 나서 앞에서 말씀드린 쉐도잉을 하시면 돼요. 무턱대고 시간 때우려고 하는 것은 아닙니다. 우리의 쉐도잉에는 기본 방향과 목적이 있어요.

영어화의 좋은 방향
: 기본이 준수되는 나의 모습을 확인하는 것

우리가 쉐도잉을 하는 목적은 '좋은 영어 말하기를 하는 모습을 지속적으로 보면서 따라 말하는 것' 입니다. 닮고 싶은 사람의 모습을 자주 보고, 그녀/그를 따라 행동하다 보면 어느새 그녀/그를 조금씩 닮아 가는 것처럼.

- 나의 모델이 말하는 모습을 자주 보세요.
- 편하게 앉아서 따라 해도 좋아요.
- 그런데 일어나서 하는 것이 더 좋고요.
- 표정이나 제스처를 따라 하신다면… 그것은 최고입니다.

이 모든 것의 목적

　님이 영어를 더 잘 말하기 위함입니다. 듣기에 대해서도 고민하실 거고 그 고민은 크겠지만. 내가 말하는 만큼 들을 수 있어요. 그러니 일단 말하기에 집중하는 것이 효율적입니다. 위의 과정을 통해 진중하고 지속적인 쉐도잉을 하는 목적은 '내가 원하는 영어를 말하는 것' 입니다.

　제대로 된 롤 모델을 선정하셨다면, 그 모델이 우리가 이미 학습한 기본 4개, 그리고 지금 학습하고 있는 양념 4개를 벗어난 문장을 말하는 모습을 거의 못 보실 겁니다. 원어민은 법을 벗어난 영어를 기본적으로 말하지 않기 때문이에요.

　그녀/그가 말하는 거의 모든 문장의 형식이 '내 손 안에서 있다' 는 생각을 갖게 되면, 그때부터 그 모델의 말은 나에게 여전히 어렵지만 이해할 만한 것들이 됩니다. 그리고 결국 '나 스스로 만들어서 말할 수 있는 문장' 임을 깨닫게 되죠. 그러한 좋은 기분으로 내가 만드는 문장에 더욱 많은 확신을 갖게 되고 영어 성취감은 올라갈 겁니다. 궁극적으로는 아래와 같은 아주 좋은 생각을 갖게 될 거예요. 불안한 영어 사춘기의 끝에, 좋은 영어관을 갖게 되는 겁니다.

법으로 영어를 하도록 하는…
- 내가 배우는 패죽영의 콘텐츠가 믿을 만하다.

그러므로
- 법 안에서 하는 내 생각이 옳다.
- 그래서 내 문장은 옳다.
- 일상이건 비지니스 상황이건 … 떨리지만.
- 스스로 생각해서 말할 수 있다.

❷ 패죽영 생각
듣기 : 그것의 진실

저도 듣기가 말하기만큼 중요하다고 생각합니다. 듣기 실력을 향상시키는 것이 너무나 지루하게 긴 과정이고 어려운 것임을 알고 있고요. 그래서 한 번 생각으로 그치지 않으려고 합니다. 여기에서는 '듣기 학습의 개론' 정도의 설명을 드리고요.

듣기에 대한 문의가 많았습니다. 대략 아래와 같은 것들이에요.
- 말하기는 이렇게 늘려 가면 되는 거 같은데, 결국 또… 들어야 되잖아요?!
- 듣기는 어떻게 늘리는 게 좋아요?

알고 보면 당연한 것인데, 막상 말씀드리고 나면 곰곰이 생각하시다가 '아… 정말 그렇네요. 왜 그걸 몰랐지?!' 하는 반응을 보이시는 '패죽영의 듣기 실력 향상의 최종 결론' 말씀드릴게요.

> 영어 듣기…
> - 내가 말하는 만큼 들립니다.
> - 내가 원어민처럼 말할수록 더 많이 들립니다.
> - 정말 성실히 학습하면 진짜 느리게 향상됩니다.

어떻게 보면 그냥 상식에서 파생되는 누구나 할 수 있는 생각인데, 그 상식을 벗어난 '각개 강사들 나름의 듣기 교수법'이 있다고 광고가 너무 많다 보니, 학습자 분들은 굳이 하지 않아도 되는 분야에 시간과 돈을 소비할 때가 생기는 것 같아요. 위의 세 가지 결론에 대해 굳이 설명하지 않아도 되겠지만 그래도 조금 더 구체적으로 말씀드려 볼게요.

내가 말하는 만큼 들립니다.

- 상대가 건넨 문장들이 나의 입에 익숙한 문장이라면 다른 문장보다 그 문장이 조금은 더 잘 들릴 거예요. 당연히 나의 입에 익숙한 문장이 많아질수록, 상대가 건네는 문장과 내가 말하는 문장 사이 교집합이 많아지니까 조금 더 들리겠죠.

- 그 기분을 성취감이라고 한다면 시간이 지날수록 성취감이 많아지니 원어민과의 대화가 길어져도 이전보다 덜 긴장하면서도 더 들을 수 있습니다.

원어민처럼 말할수록 더 많이 들립니다.

- 그들처럼 말한다는 것은 제가 볼 때 2개의 요소를 닮는다는 거예요. 발성과 연음 입니다.

- **발성** : 그들은 우리와는 다른 발성을 갖고 있는 것 같아요. 소위 '코맹

맹이' 소리라고 하는 것이죠. 일상적인 대화를 할 때도 비음이 우리보다 많은 이유이고요. 비음을 이 책으로 표현할 방법이 없네요. 그러나 영어에 비범한 관심을 갖는 님이라면 그 비음이 어떤 것인지 아실 거예요. 궁금하시면 연락 주세요. 비음을 들려드릴게요.

나름 정하신 영어 말하기의 롤 모델이 되는 외국인을 따라 말하시면서 비음을 내 보세요. 저의 경험상 2개 현상이 발생할 수 있습니다. 일단 우리 기분이 좋고요. 우리 영어를 듣는 한국인 친구들은 우리에게 '재수 없다' 고 할 거예요.

- **연음** : 연결음?! 이라고 지칭해도 될까요. 발성과 함께 이 연음을 제대로 만들어 내면 나의 영어 말하기가 훨씬 원어민의 것처럼 보일 수 있기 때문에, 님이 원하시면 적극적으로 연습하시고 활용하시면 돼요. 연락 주세요. 저도 적극적으로 도와드릴게요.

중요한 것은 원어민들은 우리가 연음을 말하든 안 말하든 크게 상관하지 않는다는 거예요. 연음이 된다고 더 좋은 영어를 말한다고 생각하지도 않습니다. 그럼에도 불구하고 더욱 그들처럼 말하기 위해 연음을 쉽게 만들어 내는 방법을 하나 알려 드릴게요.

연음 쉽게 만드는 방법

• 님의 영문장을 구성하는 각 단어를 구성하는 철자들의 소리들을 모두 정확히 내시되 그 **마지막 소리를 흘리듯 + 날려 보세요**. 그리고 나서 다음 단어들을 연달아 발음하게 되면 자연스럽게 **앞 단어의 마지막 소리와 뒤 단어의 첫 소리가 연결되면서 만들어지는 연음**이 나면서 내가 말하는 영어 소리가 원어민의 것과 더욱 비슷해집니다.

I like this book.
각 단어의 소리를 한글로 풀어 볼게요.

I   like   this   book.
아(이)   라이(크)   디(스)   부(크)

괄호 안에 들어간 소리를 내긴 내되 + 흘리듯 + 날려 버리는 거예요. 그럼 예전보다 좀 더 원어민의 소리가 나면서 기분이 좀 좋아지실 겁니다. 이것 역시 책으로 설명드리기가 쉽지 않으니, 연락 주세요. 함께 님 영어에 연음을 추가해 보아요.

듣기 학습을 제대로 하신다면
그 실력은 느리게 향상됩니다

영어 학습의 분야는 그 목적에 따라 4개 분야로 나뉘죠. 이미 아실 겁니다. 읽기, 쓰기, 말하기 그리고 듣기입니다. 제 소견에 4개 분야 중, 성인인 우리에게 있어서, **가장 늦게 성장하는 것은 듣기 실력**이에요.

우리의 영어 말하기, 학습의 방향을 제대로 잡고, 학습한 것을 확신 있게 발설하고, **성공 경험이 쌓이다 보면 일정 기간 동안 영어 말하기는 상대적으로 빠르게 지속적으로 성장**합니다. 내가 원하는 영어를 내가 생각해서 나의 목소리로 내뱉는 것에 자신감이 붙을수록 영어를 말하는 것에 재미가 붙죠. 마치 운전면허를 따고 한동안 운전이 재미있어지는 경우예요. 물론 1차선 혹은 일방통행 상으로 제한될 때가 많지만.

성실히 하는데도
왜 듣기 실력은
느리게 향상되는 것일까요?

말하기보다 어려워서 그렇습니다. 영어 말하기의 주체는 '내 생각과 내가 하는 말' 이죠. 영어 듣기의 주체는 '남의 생각과 남의 말' 이기 때문입니다.

내가 예상할 수 없는 + 남이 생각한 + 남이 원하는 영어 + 남의 발성을 통해서 = 내 귀로 전해지는 상황… 이기 때문입니다. 마치 운전면허를 따고 한동안 8차선 도로에서의 운전이 무서워지는 경우예요. 그렇다고 평생 1차선 도로에서만 운전할 수도 없는 일, 깜빡이 키고 과감히 8차선에 나를 올려놓아야 합니다. 나를 원어민과의 대화로 데리고 가야 해요.

그리고 하나도 안 들리면서/머리가 하얘지는 경험을 하기 시작해야 합니다. 그리고 나서!

상대 문장의
최초 5개-6개 단어를 듣는 것에
초.집.중. 해서 들어 보세요

많은 경우, (화자가 주어를 엄청 길게 내뱉지 않는 이상) 영문장의 초반 5-6개 단어에 주어, 동사, 목적어가 등장합니다. 화자가 말하고자 하는 내용의 핵심이 초반에 그 부분에 대부분 드러나게 된다는 것이죠.

원어민과의 대화가 시작되었다면, 겉으로는 평범한 표정을 짓지만 속으로는 비범한 태도를 취하시는 것이 좋을 겁니다. 우리의 예상할 수 없는 + 상대의 생각에서 나온 문장을 듣고 = 그것을 한글로 해석해서 의미를 파악해야 하니까요.

그 정도를 제대로 듣는 것도 만만치 않아요

처음부터 다 들으려고 하는 것 혹은 그들이 강조하는 단어에만 집중하는 것은, 마치 그 옛날 30개의 영어 객관식 문제를 풀어야 하는 상황에서, '본문의 주제를 물어보는 문제 4개'만 풀고 답안지를 제출하는 것과 같아요. 초반의 5개 정도의 단어를 들으려고 집중해 보세요. 정확히 듣기 쉽지 않다는 것을 알게 될 거예요. 이유는 있습니다.

- 많은 경우, 문장의 핵심이 되는 주어, 동사는 그 뒤에 나오는 목적어보다 볼륨이 낮습니다.
- 사람마다, 상황마다, 문장을 구성하는 단어들의 볼륨이 조금씩 달라요.

He didn't say he would come.
그는 말하지 않았어 그가 올 거라고.
의역 : 걔 올 거라고 안 했는뎁!

많은 경우 원어민의 각 단어의 볼륨을 문자로 표현하자면,
He didn't say he would come.

각 문장의 초반에 등장한 주어 + 동사에 소위 말하는 집중을 한다면, 가장 중요한 그것들을 제대로 못 들을 가능성이 높아요. 사람마다 볼륨을 크게 하는 단어가 다를 수도 있습니다. 원어민이 그들의 문장에 등장하는

모든 단어를 우리 알아듣기 또박또박 쉽고 크게 말하는 상황은 지구 상에는 없을 거예요.

초집중하세요
1시간 대화 후
배고파질 정도로…

그렇다고 실제 대화에서 '청문회에서 질문을 던지는 사람의 표정'을 하고 있을 필요는 없을 거예요. 겉으로 보기에 우리는 평범한 표정으로 혹은 살짝 미소를 띈 얼굴로 원어민의 말을 듣고 있을 겁니다. 그리고 우리의 양쪽 귀 안에는 비범하게 귀를 세운 또 다른 우리가 있어야 한다는 거죠.

집중한다고 하는데 잘 안 들리나요? 더 집중하세요. 더.더.더. 그럼 조금씩 더 들릴 겁니다. 그 때의 그 집중을 대화 중에 유지하시면 되는 거예요. 정말 오래 걸리고 어려운 것이죠. 그렇지만 '대충 들어 보니깐 뭔 말 하는지는 알겠다.'… 우리가 지금 그 정도의 듣기를 하려고 이 수업을 받으며 고군분투하는 것은 아니잖아요.

그렇게 길고 고된 시간 동안 듣는 연습을 하다 보면, **어느 날 원어민이 뭘 말하든지 다 들리는 날**… 올까요? 그 날이 님에게 오기를 진심으로 바랍니다. 그런데 **그날은 님과 저에게 오지 않을 거예요.** 그렇게 되려면 우리는 우리 몸에 한글이 체화되기 전에 최소한 3년 정도는 외국에서 찐하게 그들의 정상적인 문화 속에서 살았어야 했습니다. 슬프지만 사실이에요. 더 우울한 사실도 있죠.

듣기 실력은
아주 천천히 성장하고
그게 정상입니다

그렇다고 해서, 상대가 뭔 말을 하던 신경 쓰지 않고 '내 할 말을 하고 빠지는 이상한 사람' 이 될 수는 없습니다. 백조가 될 필요가 있어요. 영어 듣기에 대해서는요. 호수 위에서 우아하게 유영하고 있지만 수면 아래의 발은 쉴 새 없이 긴장하며 빠르게 움직이고 있는 것처럼, 제대로 된 대화를 하려면, 우리는 (겉으로 보기에) 우아한 표정으로 그들을 대하지만, 우리의 귀는 완전 긴장하고 있어야 하는 것… 그것이 맞습니다.

저의 이 생각과 함께하신다면, 듣기에 대한 님의 고민이 더욱 깊어졌을 거라 생각해요. 그리고 저는 그게 좋은 것 같아요.

영어의 모든 문장의 구조를
손 안에 쥐고 있는 우리는

언제나 원어민들의 문장을
말할 것이고

그들은 우리가 손에 쥐고 있는
구조 안에서 말할 거니까

(듣기가 잘 안 되는 날이 있지만… 많지만)
우리가 본래 듣지 못하는
영어 문장은 없는 겁니다.

아래와 같은 변하지 않는 분명한 사실이 있기 때문에.
우리의 영어 듣기 실력은 천천히 그리고 확실히 성장할 겁니다.

❸ 패죽영 생각
듣기 : 분위기

듣기… 아 듣기… 정말 어렵지만, 법으로 영어를 하는 저와 님에게 그건.

- 할 만한 것이고
- 할수록 잘 되는 것입니다

왜냐하면 우리는 영어 문장의 비밀을 아는 사람들이니까요. 그들이 말하는 모든 것을 한 번에 다 알아듣는 이 생의 삶을 마감하는 그날까지 없을 거예요… 나쁜 소식이죠. 좋은 소식 바로 말씀드릴게요.

그들이 길게 말하든 짧게 말하든 혀를 굴리든, 덜 굴리든, 어떤 억양을 갖고 있든지에 관계없이 결국 4개의 기본과 4개의 양념을 벗어나는 문장을 말하지는 않을 겁니다.

그것을 운전에 비유하자면, 도로가 넓어 8차선에 이하인 경우가 많은 것을 아는 우리는, 다른 수많은 운전자들도 결국 그 안에서 운전할 수밖에 없다는 것을 알고, 법을 지키면서 마음 놓고 그 차들과 소통하면서 우리 갈 길을 가면 되는 겁니다. (교통사고는 타인들의 잘못으로 많이 발생하죠… 조심하시기 바랍니다.)

원어민들이 내 앞에서 쌀라 쌀쌀라 자기 말을 하고 있을 거고, 그 앞에는 당황하는 우리가 서 있을 거지만, 그들이 길게 말하던 짧게 말하던지, 우리가 귀가 제대로 작동을 하건 안하건, 그들은 결국 아래의 요소를 가지고 말하게 됩니다.

일반동사	간접의문문
조 동 사	to부정사
비 동 사	ING
현재완료	관계대명사

이 8개 요소를 가지고 말할 수 있는 문장의 개수는 엄청날 것이고, 상황에 따라서도 다양할 거예요. 그러나 그 수많은 문장이 결국 저 안에서만 만들어진다는 것을 알고 있다면, 그 어려운 듣기가 그래도 할 만한 것이 될 수 있다는 것이죠.

평균 이하의 두뇌를 가진 저의 경우, '이 사람(원어민)이 뭔 말하는지 대략 알아듣기는 하겠다' 생각이 들기까지 9개월이 걸렸습니다. 아래와 같은 조건에서요.

- 원어민이 사는 나라 안에 있음.
- 영어만 보이고 그것만 들리는 환경에서.
- 안 들리는 그것을 계속 들어야 하는 상황.

- 혹 도움이 될까 싶어서 영어 라디오를 귀에 꼽고 잠을 청하던 시간.
- 26살 청년이 영어 안 들려서 기숙사에서 혼자 가끔 틀어박혀 울던 상황.

평균 이상의 두뇌를 가지셨을 님은, 저만큼 길게 걸리지 않을 거예요. 그러나 기억하셔야 되는 것은 현재 우리는 아래와 같은 조건을 갖고 있다는 겁니다.

- 원어민이 주변에 없는 상황.
- 영어를 볼 수 있는 곳은 가게 간판뿐.
- 들리는 영어는 팝송뿐. (그것도 일부러 들어야 함.)
- 한글만 말하고, 그것으로만 생각하는 상황.
- 영어를 말해야 하는 딱 그 상황을 제외하면 그것에 대해서 크게 고민할 필요가 없는 상황.

솔.직.히. 우리는 영어에 (누군가에게 그렇다고 말하는 것보다) 절실하지 않습니다. 인정하시죠?! 영어를 듣고 말해야 하는 그때뿐인 거 같아요. **우리를 그것이 절실한 상황 속으로 억지로 밀어 넣지 않는 이상, 영어 듣기를 향상시키는건 더욱 어려워집니다.** 님이 할 수 있는 최대의 집중력을 활용해서 + 그들이 말하는 최초 6개 단어를 들어 보시라는 것과 함께, 제가 드리고 싶은 조언은 아래와 같습니다.

> 듣기 향상을 위한 분위기를
> 내 상황에 맞게
> 어.떻.게.든 조성하세요.

구체적으로 말씀드리자면…

> 나의 공간을 '유학의 공간' 으로 만들어 보세요.
> '집으로 유학 간다는 생각' 을 해 보시라는 겁니다.

실행 방안 몇 개 조언드려 볼게요.

> **추천 실행 방안**
>
> - 님의 방 안에/집에 영어 관련한 뭔가가 언제나 들리도록 하세요.
>   (해외 영상/라디오 등등의 어플리케이션 다운로드 가능)
>
> - 님의 눈에, 영어 관련한 뭔가가 계속 보이도록 환경을 만드세요.
>   (냉장고/싱크대/노트북/대문/핸드폰 바탕화면)
>
> - 님이 생각하시는 기타 등등의 방법들….

요지는, 나의 눈과 귀에 영어를 계속 억지로 보여 주고 들려주는 것입니다.

10시간 이상 한글 속에서, 그것으로만 생각하고 말하고 들은 나에게, 한두 시간 정도 영어를 억지로 주입시키는 거예요. 그런 환경이 조성되면 그나마 '하기 싫지만…하긴 해야지.' 정도의 듣기 학습 욕구도 생길 겁니다. (아주 조금 더)

그렇게만 된다면, 이미 알고 계시는, 듣기 학습에서의 최고의 활용 도구인 shadowing (쉐도잉) 의 효과도 이전보다 더 좋을 겁니다. (훨씬 더)

shadowing 에 대한 저의 생각은 다음 생각에서 나눠 보도록 하죠.

④ 때죽영 생각
듣기 : 쉐도잉

 듣기 실력 향상은 우리에게 어려울 수밖에 없고, 말하기와는 달리 학습한 만큼 실력이 향상되는 분야도 아니기 때문에, 영어 교육업체들에게는 아주 좋은 상품의 소재가 됩니다. 그 결과 각기 다른 교육업체들이 제시하는 '영어 듣기의 비법'이 소비자에게 공개되죠. 그것은 분명 교육 시장에 다양성을 부여할 것이고 그중 님에게 맞는 상품을 골라서 열심히 학습하시면 (그들의 광고만큼은 아니어도) 어느 정도의 유익을 얻으실 겁니다.

 저 또한 좋은 프로그램이 있다면 적극적으로 회원분들께 소개하고, 꾸준히 하시도록 동기 부여를 드리는 편이에요. 그럼에도 불구하고 우리가 알고 있어야 하는 사실은, 그토록 다양한 영어 듣기 학습 프로그램들이 타깃으로 삼는 주요 고객은 **'애초에 학습이란 것을 시작하기 싫어하고 + 마음먹고 시작한 이후에 혼자서 꾸준히 유지하기 힘들어하시는 대중'** 이라는 겁니다.

성실한 우리에게 필요한 것

 성실한 분들이라면 누구에게나 맞으며 + 배우는 스타일의 차이에 큰 연관 없이 꾸준히 한다면 언제나 효과가 있는 학습 방법. 그것을 우리의 삶의 습관이 되게 한다면….

- 다양한 프로그램들이 제공하는 소소한 유익은 물론이고
- 그보다 더한 것. 진짜 듣기 실력의 향상 및 유지까지.

큰돈 안 들이고 얻을 수 있습니다. 그 돈으로 맛있는 거 사 먹을 수 있죠. 영어에 관심 있는 분들이라면 이미 알고 계신, '자막을 따라 말하는 것'. 소위 말하는 쉐도잉! 입니다.

쉐도잉이 짱이에요
제대로 + 꾸준히 한다면

쉐도우. shadow. 이미 아시는 그 shadowing 입니다. 원어민이 말하는 것을 그림자처럼 따라 말하는 거죠. '한 단어 정도 늦춰서 따라 읽는 학습 방식'.

제대로 + 꾸준히 한다면… 과거에 있었고, 미래에도 있을, 어떤 듣기 학습 프로그램이 제공하는 유익보다 많은 것을 우리 스스로 얻을 수 있습니다. 제가 추천하는 쉐도잉의 방식을 말씀드려요. 맞다 생각하시면 해 보셔요. 지겨우시면 연락 주세요. 그 지겨운 것을 계속하시도록 격려라도 드리겠습니다.

초반 쉐도잉 절차 추천
• 쉐도잉 초반 3개월 동안.

1. '난 이 사람처럼 말하고 싶다' : 님의 원어민 롤 모델을 선정하세요.
   : 많이 알려진 사람을 고르는 것을 추천드립니다. 그렇지 않으면 다음 단계로 가기가 어려워지니까요.

2. 롤 모델의 이름을 동영상 어플에서 검색하시고, 3개 정도 고르세요.
   (단, 롤 모델을 제외한 2명 이상이 등장하는 '대화 동영상' 을 고르세요.)

3. 영어 자막을 켜세요.
   자막까지 안 보면, 대체 무슨 재미로 해야 하나요….
   뭘 듣는지 알아야, 내 실력을 측정할 수 있습니다.

4. 이미 아시는 방식대로 쉐도잉을 하세요.

5. 너무 짧게 하지 마세요.
   (한 번에 최소 30분, 문 걸어 잠그고 초.집.중하세요.)

6. 1에서 5의 과정을 매일 하세요.
   쉽지 않습니다….

중반 6개월 쉐도잉 추천 절차
   : 1에서 5의 과정을 반복하세요.

쉐도잉 실행 추천 기간
   : 평.생.

쉐도잉…
언제, 얼마나 자주 하는 것이 좋을까?

사랑하는 분과의 사랑, 언제 얼마나 자주 하는 것이 좋을까요? 매일, 가능한 자주일 겁니다. 영원히 사랑해… 라는 말도 있을 정도니까요. 특히 서로에게 사랑이 싹 트고 그것이 자라나는 그 시간 (대략 1일에서 9개월까지… 맞나요?) 사랑의 타이밍과 빈도를 생각하는 연인이 있을까요? 있긴 있어도 많지는 않을 겁니다.

영어 말하기와 마찬가지로 듣기 학습 또한 제대로 방향을 잡고 + 실력이 향상되면 = 그것을 사랑하게 됩니다. 아주 조금요. 그때서부터는 적절한 타이밍과 빈도수에 대한 고민은 의미가 없죠. 우리는 언제든지 듣기 학습하는 것을 사랑할 것이고 그 열매도 달콤하게 느껴질 거니까요. 아주 조금씩. 점차적으로. 님이 영어 공부를 하면서 염두에 두셔야 하는 것들이 있습니다.

이동 중에 하는 60분 vs 초집중하는 30분

내가 무엇을 할 수 있는가… 라기 보다는 나한테 어떤 것이 더 좋은가… 를 생각한다면, 홀로 집중하는 30분이 실제적인 도움을 준다고 생각합니다.

바쁘고 피곤한 하루하루. 그나마 출퇴근하는 차 안에서. '충분히 짤영상 보시면서 소소한 행복을 즐길 수 있는 그 시간을 쉐도잉에 투자하시는 님들' 존경하고 응원해요.

그런데 그 시간에 그냥 '짤을 보세요'. 버스나 지하철에서 집중해서 보시다 보면 정류장 놓치고, 운전하면서 쉐도잉하는 것은 자칫 사고로 이어질 수 있는 위험한 행동입니다. (물론 회원분들 중에는 운전기사를 채용하시는 경우가 더러 있습니다만… 그런 분들이 많지는 않죠.)

출근 잘 하시고, 열심히 일하시고. 마음 편히 퇴근 잘 하시고, 귀가하셔서 저녁식사 맛있게 하세요. 모든 일을 마치시고. 홀로 있을 만한 곳에 자리를 마련하시고 님의 쉐도잉 지정 영상을 키세요. 그리고 30분에서 1시간. 그것에만 초집중하는 시간을 가지세요. 그게 더 좋습니다.

반복해서 말씀드리고 있지만. 우리는 이미 최소 10시간 동안 한글로만 생각하고 그것을 말하고 오늘 하루를 살아왔어요. 하루 30분조차. 영어에 100% 할애할 생각이 없으시다면… 글쎄요. 님, 정말 영어 잘하고 싶으신 거 맞는지… 말하기만큼 중요한 영어 듣기 실력 향상에 하루 30분은 오롯이 투자하시는 것이 좋을 겁니다. 그렇게 제대로 된 쉐도잉을 매일 30분 이상 하시다 보면, 듣기 실력이 하루가 다르게 달라질까요?

'어느 순간 영어가 들리는 순간이 오죠.'
이 말은 영어 교육 시장에서 아주 유명한 '사기적 발언' 입니다.

⑤ 패죽영 생각
영어 귀가 열리는 순간

 '정말 신기한 게… 3달 동안 하루 30분. 프로그램을 따라 하다 보니, 3년 동안 안 들리던 영어가 갑자기 들리기 시작하는 거예요. 이제 화상 회의 진행도 무리 없을 듯' (강남구. 29세. 이패턴)

 이런 '실제 후기' 라고 하는 (저는 '광고' 라고 보는) 글귀들을 볼 때 마다, (요즈음 패턴영어에 대해 상당히 얌전해진 저이지만) 상당히 불쾌합니다. '어쩌면 이렇게 똑같은 수법일까… 아직도 그런 것들에 솔깃하시는 분들이 많구나' 혹은 '지금도 똑같은 생각을 하는 나한테도 문제는 있겠구나' 하는 생각을 합니다. 영어에 관심 많으신 님도 그런 문구를 접한 적이 있을 거고, 그러한 교육 기관에서 교육을 받은 적이 있을 수도 있겠네요. 일단 제 생각의 결론부터 말씀드리자면.

> 영어 귀가 열리는 날,
> 특정 시간, 딱 그 순간…
> • 본래 없고요.
> • 그래서 오지 않습니다.

 차근차근 생각해 보아요.

영어 활용 인구는 '1,200,000,000' 명입니다

적어도요. 12억 명의 서로 다른 사람들이 + 그녀/그만의 목소리로 + 셀 수 없이 다양한 문장을 + 그 수를 셀 수 없는 다양한 상황에서 + 조금씩은 다른 모양을 가진 문장을 말하며 살아갑니다. 간단히 계산해 보아도. '1초' 동안 '1,200,000,000' 개의 서로 다른 영어 문장이 지구상에서 오고 가는 것이죠.

상식적으로 한글로 가득한 나라에서, 그 언어를 들으면서 태어나고 그 이후 20년 이상 그 언어만 듣고 말하던 한 개인이, 3개월 만에 그녀/그를 제외한 나머지 1,199,999,999명이 하는 영어를 듣게 되는 황당한 기적이 일어날 확률은 1/1,199,999,999도 되지 않습니다.

그럼 대체 저 '수강 후기' 라고 하는 글귀는 어떻게 생겨나게 된 걸까요….
제가 (저 광고처럼 보이는 것을 믿는) '호구' 라는 가정 하에서, '이패턴' 씨가 '갑자기 들린다' 고 말한 교육적 배경을 머릿속에 그려 보았어요. 저 나름의 상상입니다. 그런데 제 생각이 틀리다고 생각하지 않아요.

그 기적의 실상

해당 프로그램 상에서
잡음 없이 깔끔하게 녹음된
100개의 문장을 100번 들으니

어느 날 어떤 원어민이 + 정말 우연히
그 100개의 문장 중 하나를 말했는데

그게 들린 겁니다….

15만원 투자해서
1문장을 들은 기적

이 분은 한 달에 5만 원 이상 (혹은 그 정도)하는 프로그램을
3달 이상 수강해서 (최소 15만 원 소비 혹은 그 정도)
1초에 1,199,999,999개 발설되는 문장들 중
딱 1개를
1,200,000,000 명 중 그 1명의 원어민으로부터
지구상에 존재하는 수많은 상황 중
딱 그 상황에서 들은 겁니다.

'뭔 말하는지 하나도 못 알아듣겠다.' 하던 우리가, '엇! 들린다.' 하는 순간이 주는 짜릿함이 있죠. 그 짜릿함을 얻기 위해 얼마나 많은 노력을 했을까요. 진심으로 축하드리고 존경해요. 이제 이패턴씨는 15만 원을 투자

해서 3달에 새로운 1문장을. 1/1,199,999,999 의 확률로 들을 수 있게 된 겁니다. '기적' 이라고 부르기는 했지만 엄밀히 말하면 기적이 아닙니다. 반복 학습의 결과라고 보기도 어렵고요. 정확히 말하면 '강제 주입으로 얻어 걸린 것' 입니다.

6

패죽영 생각
듣기…
배우는 환경 : 녹음실
실제 환경 : 공사 현장

어학원에서 듣기를 교수하던 시절… 강사로서 자괴감이 들 때가 간혹 있었습니다. 속으로 하던 생각은 '(학원에서) 하라고 하니까 하는데, 이렇게 한다고 실력이 늘지 않을 텐데…' 였고요. 듣기 수업 시간이었습니다. 학원에서 출간하는 지정 교재에 나온 듣기 문제. 문장 중 빈칸에 들어간 단어를 채우는 문제입니다.

저 : 문제 들려 드릴게요. 집중하시고요. 문제 갑니다!
→ 깔끔하게 녹음된 1명-2명의 대화 재생됨

그렇게 듣기 수업을 진행한 결과, 수강생분들은 영어 듣기를 잘하는 분들이 되었습니다. 교실 안에서. 딱 그 수업시간 동안. 네… 제 보기에 별로였다는 겁니다. 실제 우리가 영어를 듣는 상황은 '문제를 풀기 위해 조용한 가운데 깔끔한 녹음 파일 재생되는 것' 과는 정반대이기 때문이에요.

> 실제 들어야 하는 상황
> • 주변인들은 나에 대해 관심 없이 자기 말을 함.
> • 소리가 스피커를 통해 퍼져서 들림.
> • 집중을 방해하는 주위 잡음이 많음… 너무 많음.

우리가 영어를 들어야 하는 상황을 극단적으로 공사 현장으로 비유한 이유입니다. 영어 듣기를 학습하는 상황과 그것을 행동으로 옮기는 상황이 달라도 너무 다르다 보니… 듣기 시험 100점이 실제 듣기 실력을 보장하기가 본질적으로 어려운 겁니다. 그렇다고 '현실적인 듣기 환경 조성'을 위해 '자, 오늘 듣기 수업은 야외에서 하겠습니다.' 라고 말할 수 있는 강사는 보통 강사가 아닐 겁니다. 자기 마음대로 이런저런 방식을 시도할 수 있는 '원장급' 이겠지요.

이런 이유로 인해 다음과 같은 '영어 듣기 학습 환경 조성'을 추천 드립니다.

> **더 좋은 듣기 학습 환경**
>
> • 한 사람이 자기 말만 하는 강연보다는
>   두 사람 이상이 등장하는 '대화' 를 들으세요.
>
> • 백색소음보다는 '그냥 소음' 이 있는 곳이 좋지 않을까요?
>
> • 이어폰보다는 '스피커' 가 도움이 될 겁니다.

이러한 것들의 목적은 듣기 학습의 환경을 조금이라도 더 실제와 같이 만드는 거예요. 신경 쓰시면 모두 어렵지 않게 하실 수 있는 것들이에요. 그렇게 학습하는 것이 쉽지 않겠죠. 매번 겉으로 드러나는 성과를 보기도 어렵고. 그러나 결과는 더 좋을 겁니다. 비교할 수 없이. 마치 '다이어트 수술을 받는 것과 다이어트를 위해 라이프 스타일을 바꾸는 것.' 그 둘이 다른 것처럼.

듣기 학습에 관한 생각을 저의 생각의 흐름에 따라 계속 정리해 볼 건데요. 님의 생각이 다를 수도 있으니, 패죽영 생각을 참고하시면서 님만의 생각과 행동의 흐름을 만들어 가시면 좋겠어요.

❼ 패죽영 생각
하란 대로 공부하면
내가 낸 돈을 돌려받는다

저의 소견입니다. 정답이 아니라는 것이죠. 그런데 특별히 지금 나누는 이 생각은 그 소견들 중에서도 소견이 아닐까 싶어요. 동의하지 않으실 확률이 높다는 겁니다. 하지만 꼭 한 번 생각해 보셨으면 하는 게 있어요.

내가 업체에 수강 신청하면서 바라는 건 '실력 향상' 인데
왜 업체는 뜬금없이 '환급' 이야기를 꺼내는 걸까

아시다시피 광고의 한 종류이죠. 모든 기업의 정상적인 활동이고 저 또한 소기업(축에도 끼지 않는 자영업) 운영자로서 제가 할 수 있는 광고를 합니다. 그런데 제가 이상하다고 여기는 부분은 '소비자가 바라지도 않던 서비스를 제공하는 태도' 예요. 혹자는 '이게 바로 상식을 깨는 마케팅이란 겁니다.' 라고 말할지도 모르겠지만. 그런데 생각해 보시기 바랍니다.

크고 작은 소비에는 목적이 있고, 그 목적이 달성되는 소비를 좋은 소비라고 하죠. 대부분의 사람들은 좋은 소비 그 자체만으로도 만족감을 얻습니다. 이것이 소비자에게 자연스러운 것이고 판매자에게 부담도 없는 것입니다. 지금부터 예를 들어 볼게요.

내가 원하던 책 한 권을 사려고 돈을 지불하는데…

'구매하려고 하는 책 말고도 다른 책을 덤으로 받게 된 상황'

우리는 생각할 겁니다. '잘 안 팔리는 거라서 그냥 주는 건가보다'. 뭔가를 덤으로 얻은 것 때문에 기분이 좋을 수도 있지만, 안 좋을 수도 있습니다. 무거우니까요. 심지어 내가 구매하려고 했던 그 책에 대한 신뢰가 줄어들 수도 있습니다. '이 제품 하나로는 판매가 잘 안 되나?' 하는 생각하는 경우도 있다는 겁니다. 덤으로 받은 그 책 때문에. 우리는 자연스러운 소비를 하려고 했으나, 그 결과가 부담스럽게 된 것이죠. 다른 예를 들어 볼까요?

친구와 생맥주를 마시려고 bar에 들어가서, 맥주를 주문하고, 시원하게 마시고, 좋은 시간을 가지고, 이제 계산하고 기분 좋게 나오는 상황.

'맛있게 끝까지 드셔주셔서 감사합니다. 드신 맥주 금액에 대해 환불해 드릴게요.'

이렇게 말하는 점주를 만나 보신 적 있나요? 그런 이벤트에 엉겁결에 당첨된 것일 수 있습니다. '생맥주 1000cc를 두 분이 동시에 10초 안에 드시면 처음 드신 두 잔은 무료!' 혹은
'(비교적 한산한) 오후 2시에서 4시 사이의 맥주 2잔 무료' 등등… 교육

에 대해서도 이런 식의 마케팅을 시도할 수 있습니다. 혹자는 '아… 신박한데?! 머리 잘 썼네…' 할 수도 있고요.

저한테는
그 태도가
아주 별로예요

그런 광고들을 볼 때, 제 마음속에서는 아래와 같은 생각들이 생겨나요.

1.
'실력 향상' 되면 감사한 건데
왜 '돈을 돌려준다고 하지?'

2.
교육 콘텐츠만으로는 만족을 못 주는 건 아닌가?

3.
그런 이벤트를 진행할 정도로 운영이 어려운건가?

4.
얼마나 더 벌고 싶기에 교육을 '돈' 으로 유도하는 거지….

5.
혹시 사람들이 원하는 것이 '실력' 보다
'환급' 일 거라 생각하는 건가?
그건 아니겠지…정말 그런 건 아닐까….

'영어 말하기가 돼야 하는데…' 하는 깊은 고민 끝에 시작한 프로그램을 통해서 우리가 기대하는 보상은 실력 향상이지 돈은 아니지 않나요? 물론 돈입니다. 최종적인 결과물이죠. 영어 실력을 향상시키고 그 영어 실력으로 내가 하는 일의 범위를 넓히고 그 일을 통하여 더욱 많은 경제적인 여유를 갖게 되는 것입니다. 돈은 내가 하는 일의 결과물이지, **돈이 학습의 결과물은 아닌 것이죠.**

업체들의 마케팅 담당자의 머릿속에는 아래와 같은 '교육의 틀을 깨는 사고 흐름'이 있었던 건 아닐까요?

1

　요즘 장기적으로 프로그램을 이용하는 사람들이 줄어들었다.
→ 어려운 경제 때문이겠지….

2

　(경제가 어려워지면 가장 먼저 교육비를 줄인다고 하니까.)
→ 회원 수를 어떻게 늘릴 수 있을까…

3

→ 6개월 이상 이용하는 사람들에게 경품을 줄까?
　(아… 그런 것들은 많이 했던 거야.)

4

→ 기존 교육의 틀을 깨야 한다.

5

→ 고객이 진짜 원하는 건 뭘까…. → 결국 돈을 벌려고 하는 거잖아.

6

→ 12개월 이상 이용하는 사람들에게 등록비를 환급해 주자.

7

→ 그 대신 그걸 받는 과정은 쉽지 않아야겠지….

만일 등록 회원들 1만 명 중 9만 회원이 모두 환급을 받는 상황이 발생한다면, 그 업체는 감당할 수 있을까요? 1만 회원들이 1년간 지불한 돈에 대한 이자로 운영이 가능할까요? 그 돈을 교육이 아닌 다른 곳에 투자해서 벌어들이는 수익이 있다면 가능할 수도 있겠습니다.

그 수익만으로 기업 운영이 과연 가능할까요? 가능하다면, 그 업체는 정말 더 좋은 교육을 위해 투자한 것이 맞을까요? 정작 그렇게 환불을 받는 데까지 가는 회원들의 수가 적은 것은 아닐까요? 애초에 환불을 받는 곳까지 가는 것이 거의 불가능하게 프로그램을 설계하지는 않았을까요?

저는 왜 이런 어처구니없이 도착같은 생각들을 정신없이 늘어놓는 걸까요?

교육을 표방하는 기업들이, 영어 교육이라는 존재 목적에 벗어난 생각을 지나치게 하고 있고, 그런 생각들이 결정적으로 드러난 것이 대중에게 보이는 광고라고 생각하기 때문일 겁니다.

고객이 생각지도 않았던 '돈'으로, '영어 실력 향상'이라는 주목표를 흐릿하게 하는 행동들이 저에게는 굉장히 불편하더라고요.

님은 어떻게 생각하시나요….

⑧ 패죽영 생각
원어민은 영어를 못 하는 사람입니다

　물론 원어민들 중에서도 개인의 삶에 부정적인 영향을 미칠 수 있는 이런저런 이유로 언어 활용 능력이 상대적으로 낮은 분들은 가끔 있을 수 있습니다. 그런 경우는 언어의 종류에 관계없이 개인적으로 발생할 수 있는 상황이죠.

　제가 말씀드리는 상황은 그런 특별한 경우를 제외한, 많은 원어민의 경우, 소위 말하는 공식 영어 교육기관에서 실시하는 **'영어 실력 테스트'에서, 원어민의 영어가 우리보다 낮다고 평가될 때가 많다는 겁니다.** 이상하죠. 그런데 현실입니다. 그런 황당한 결과를 보여 주는 인터넷의 영상들을 어렵지 않게 보실 수 있어요.

> 영어 본문 관련 문제 풀이에서…
> 출제자가 원하는 정답을 우리는 몇 분 만에 찾아 냅니다. 맞추죠.
> 원어민은 어휘부터 문장에 이르기까지 어려워하고, 결국 틀립니다.
>
> 영어 말하기 능력 시험에서…
> 문제의 의도를 정확히 파악한 우리는
> 미리 준비한 화려한 문구로 고득점을 따냅니다.
>
> 원어민은 대화하듯 즉석에서 자기 생각을
> 자유롭게 말하고 나서 낮은 점수를 받습니다.

무슨 일이 벌어진 걸까요? 그런 일이 벌어진 이유가 뭘까요?

규격을 원하는 기관 - 자유를 원하는 개인

저는 좋은 기관의 역할을 존중하고 그런 기관들이 정한 사회적인 준칙을 비교적 잘 따르려고 노력하는 편이에요. 두 사람 이상이 모인 사회가 제대로 존속되려면, 암묵적이든 가시화된 것이건 지켜야 할 것들이 있습니다. 규칙이 필요한 상황이 있는 것이죠. 그리고 그 규칙은 궁극적으로 개인의 삶에 자유를 가져다줍니다. 사회가 정한 규격 안에서의 자유인거죠. 그리고 이것은 보통 사회도덕에 관한 것입니다.

그 좋은 것을 '영어 말하기'에 적용시키면 이게 좀 이상해집니다. 개인이 말을 하기 위해서는 특정한 상황이 주어지게 마련이고. 그 상황은 서로 다른 개인 사이에 벌어질 때가 많으며. 그러므로 특정한 상황의 종류는 수없이 많아지게 되고, 당연히 서로 다른 개인은 서로 다른 생각을 하게 됩니다. '말하기'는 '생각하는 것'에서 나오는 것이므로, 지극히 자연스럽고 당연스럽게 서로 다른 개인은 다양한 상황에서 다른 생각을 가지고 다른 말을 하게 됩니다. 네, 지금 생각하시는 것이 맞습니다. **말하기를 규격화하는 것은 애초에 불가능하다는 것**이죠. 그리고 기관들은 그것을 규격화하는 기준을 마련했습니다.

하란 대로 말하니까 100점
하고 싶은 말을 하면 70점

누군가가 그러더군요. 아시아인들이 기본적으로 '규칙에 따르는 것/누군가를 따라 하는 것을 잘하는 좋은 습성을 가지고 있다'고. 그래서 그런 인종적 특성이 변화를 수용하고 자기들만의 것으로 창조하는 것에 유능한 인물들을 만들어 낸다고 합니다. 그러한 속성이 아시아인들인 우리로 하여금 '각종 사회적 기준들을 잘 지키고 따르게 했다'고도 생각합니다. 그 기준들을 잘 지켜 낸 사람들이, 그 기준들을 정한 사회 안에서, 더 많은 유익을 누리고 살아가는 모습들이 있죠. 많죠. 아주 많습니다. 단점이라고 부르고 싶지는 않습니다. 다만…

그런 '사회적 규범'을 말하기에 적용시키고 영어 말하기 실력을 특정 기관에서 정한 몇 가지 기준으로 평가한 결과, 우리가 영어를 배우는 목적이 '내가 영어를 잘하는 사람'이 되는 것이라기보다는 '그 시험에서 높은 점수'를 받기 위한 것이 된 지 이미 오래입니다.

상황이 이렇다 보니, 우리는 다양한 상황 속에서 '이렇게 말해야 한다'는 기준대로 영어를 하려는 경향을 갖게 되고, 그런 모습들은 원어민의 모습이 아닙니다.

한글을 말하는 우리가 그렇듯, 비슷한 상황에서 비슷한 말만 하는 사람들은 일단 지루한 사람들이고, 그런 것들이 지나치면 이상한 사람으로 여겨지기도 하죠. 원어민들이 영어를 말하는 상황도. 똑.같.습.니.다.

그럼에도 '기준대로 열심히 공부한 우리는 영어 말하기 시험에도 좋은 점수를 받죠. 원어민은 평소에 말하는 것처럼, 자연스럽게, 자기가 원하는 말을 조근조근' 하고, 적지 않은 경우 높은 점수를 받는 기준들을 정한 기관들이 마음에 들어 하지 않는 말을 하게 되는 것입니다.

영어를 못하는 우리는 그들이 정한 기준에 맞는 말을 많이 해서 높은 점수를 받고, 태어나서부터 영어를 접한 원어민은 그들이 원하는 말을 해서 낮은 점수를 받는 겁니다. 정작 그 시험을 마치고, 한숨 쉬는 원어민들의 '시험 어땠어요?' 라는 간단한 질문에, 제대로 된 답을 못하고, 혹은 그 질문이 무슨 말인지도 모른 채 그 자리를 피하기 바쁜 우리인데 말이죠….

패죽영

맺는말
이렇게 PART2… 마칩니다

   손해 볼 것을 알고도 기쁘게 2권을 낸 가장 큰 이유는 그러고 싶었기 때문이에요. 두 번째 이유는 part1 독자님들께서 기다리셨기 때문이고, 마지막은 '공유할 만한 지식을 갖고 있는 사람은 그녀/그의 인지도에 관계없이 그것을 제대로 전달해야 의무 혹은 사명을 가진 것' 이라는 어느 분의 말씀… 때문입니다.

   정말 수고하셨고,
   구매해 주셔서
   그리고 여기까지 와 주셔서…
   감사드려요

   저도 수고를 나름 했습니다. 여전히 무명한 강사의 책을 구매한 것에 보람을, 무엇보다 실제적인 유익을 드리려고요. 예전에 경험하신 다른 영어 회화 수업들과는 다른 것들을 경험하셨으리라 생각해요. '님 스스로 생각할 것들이 생긴다' 는 것 때문이라고 생각합니다.

   '따라 하는 것' 이 더 재미있고 '더 유익해 보이기도' 하죠. 생각하는 것은 귀찮은 것이고, 그 이유가 정확히 뭔지는 모르겠지만 내가 원하는 문장을 내가 생각해서, 용기 있게 뱉어 낸 말에 대해서는 자기 확신이 잘 들지 않습니다. '내가 생각해서 만든 내 문장들이 특정 강사들의 입에서나 특정 회화책에 등장하고 나서야 내가 맞다는 확신을 갖죠. 우리가 너무 오랜 시간 영어를 제대로 배우지 못해 생겨난 '오래된 폐해'라고 생각합니다.

법 안에서 님 마음대로 말하는 것이 나의 영어를 가장 원어민스럽게 만드는 것이고, 제가 믿기로는 현재 님은 '내가 법 안에서 생각한 것이 대부분 맞다'는 생각을 이전보다 많이 하고 계실 거예요. 그 생각은 정말 멋진 겁니다.

님은 저에게…
과외 받으시는 겁니다

영어에 대해서만큼은 애초에 남다른 목적을 갖고 계시고 심지어 여기까지 오신 성실한 당신. 님의 영어 발전을 진심으로 기원해요. '님의 마음속에 있는 말, 입 밖으로 나올까 말까 망설이는 말 그리고 드디어 입 밖으로 던져지는 말들 모두.' 님이 법 안에서 마음대로 말하시고 그 성취감을 장기적으로 누리셨으면 좋겠어요.

그래서 관리는 계속됩니다. 제가 지구상에서의 삶을 마치는 그 날까지요. 제가 모르는 영어 활용의 분야는 별로 없으니, 이런저런 학습하시면서 궁금한 것들… 물어보세요. 저는 옆에 있습니다.

2023년에도…
패턴은 영어가 아닙니다

패턴, 표현… 그것은 영어가 아니에요. 영어를 몰라서 내뱉을 수 있다는 겁니다. 원어민들이 자주 활용하는 것도 아니에요. 원어민 1인 기준 하루 동안의 말하기를 모두 문서화한다면… 그 중에서 그것들이 차지하는 부분은 5%가 안 될 겁니다. 원어민의 영어 말하기의 95%는 기본 4개 + 양념 4개의 다각적인 조합 안에서 만들어지고, 우리는 그것을 part1, 2로 마친 거예요. 거의.

패턴으로 영어를 하면, 100개 정도의 문장을 곧 까먹고, 까먹으면 다시 다 외워야 해요. 이것을 계속 남의 힘을 빌어서 해야 합니다. 빌어먹는 것이죠.

법으로 영어를 하면 10,000개 문장을 혼자 만들어서 말할 수 있고, 다 까먹어도 바로 만들 수 있습니다. 일어나서 내 힘으로 일어선 것이고, 넘어져도 일어나면 됩니다. 이것은 영어 독립!

PART3… 가 마지막이 될 듯해요

거기에서는 예전에 '가장 뒤로 미루겠다' 고 했던 '수동태' 를 드디어 다룰 겁니다. 전치사에 관한 수업과 그와 비슷한 소소한 것들을 통째로, 나름 질서 정연하게 배치해서 수업을 진행하려고 해요. 2023년 겨울에는 책이 나오지 않을까 예상해 봅니다.

그것을 마지막으로 영어 학습에 관련된 책을 내지는 않을 것 같아요.

- 더 드릴 콘텐츠가 저에게는 없기 때문이고,
- 그 이상 님이 아셔야 할 영어의 요소가 없다고도 생각해요.

그동안 개인 과외, 기업 출강 계속할 거고요. 그렇게 5년 뒤. 패턴을 죽이는 영어의 저자를 우연히 만나게 되신다면, 어느 작은 카페 에스프레소 기계 앞이나 마을버스 운전석… 일 것 같습니다.